Côte d'Azur

Daniel Anker

Côte d'Azur

44 ausgewählte Wanderungen und ein Weitwanderweg in den
Seealpen, im Haut Pays Grassois, im Estérel, im Massif des Maures,
an der Côte varoise, zwischen Toulon und Marseille
sowie in den Calanques

Mit 79 Farbfotos, 44 Wanderkärtchen im Maßstab 1:50 000, 1:75 000
und 1:100 000 sowie
ein Übersichtskärtchen im Maßstab 1:1 000 000

BERGVERLAG ROTHER GMBH · MÜNCHEN

ROTHER WANDERFÜHRER

Abruzzen
Achensee
Algarve
Allgäu 1, 2, 3, 4
Allgäuer Alpen -
    Höhenwege und
    Klettersteige
Altmühltal
Andalusien Süd
Annapurna Treks

Antholz - Gsies
Aostatal
Appenzeller Land
Ardennen
Arlberg - Paznaun
Arnoweg
Außerfern
Australien
Auvergne
Azoren
Bayerischer Wald
Berchtesgaden
Bergisches Land
Berlin
Bern
Berner Oberland Ost
Berner Oberland West
Bodensee Nord, Süd
Bodensee-Rätikon
Böhmerwald
Bolivien
Bozen
Brandnertal
Bregenzerwald
Bremen - Oldenburg
Brenta
Bretagne
Bulgarien
Burgund
Cevennen
Chiemgau
Chiemsee
Chur
Cilento
Cinque Terre
Comer See
Cornwall-Devon

Costa Blanca
Costa Brava
Costa Daurada
Costa del Azahar
Côte d'Azur
Dachstein-Tauern Ost
Dachstein-Tauern West
Dänemark-Jütland
Dauphiné Ost, West
Davos
Dolomiten 1, 2, 3,
    4, 5, 6
Dolomiten-Höhenwege
    1-3
Dolomiten-Höhenwege
    4-7
Dolomiten-Höhenwege
    8-10
Donausteig
E5 Konstanz - Verona
Ecuador
Eifel
Eifelsteig
Eisenwurzen
Elba
Elbsandstein
Elsass
Ober-, Unterengadin
Erzgebirge
Fichtelgebirge
Fränkische Schweiz
Friaul-Julisch Venetien
Fuerteventura
Gardaseeberge
Garhwal-Zanskar-
    Ladakh
Gasteinertal

Genfer See
Gesäuse
Glarnerland
Glockner-Region
Goldsteig
La Gomera
Gran Canaria
Grazer Hausberge
Gruyère-Diablerets
GTA

Hamburg
Harz
Hawaii
El Hierro
Hochkönig
Hochschwab
Hohenlohe
Hunsrück
Ibiza
Innsbruck
Irland
Isarwinkel
Island
Istrien
Italienische Riviera
Jakobsweg - Camino
    del Norte

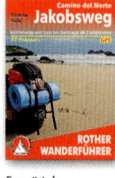

Französischer
    Jakobsweg Le
    Puy-Pyrenäen,
    Straßburg-Le Puy
Jakobswege Schweiz
Spanischer Jakobsweg
Südwestdeutsche
    Jakobswege
Jugendherbergen
    Rheinland-Pfalz
    und Saarland
Julische Alpen
Jura, Französischer
Jura, Schweizer
Kaiser
Kapverden
Karnischer Höhenweg
Kärnten
Karwendel
Kaunertal
Kitzbüheler Alpen
Klettersteige Bayern -
    Vorarlberg - Tirol -
    Salzburg
Klettersteige
    Dolomiten -
    Brenta - Gardasee
Klettersteige
    Julische Alpen

Klettersteige Schweiz
Klettersteige
    Westalpen
Korfu
Korsika
Korsika - GR 20
Kraichgau
Kreta Ost, West
Kurhessen
Lago Maggiore
Languedoc-Roussillon
Lanzarote
Lappland
Lesbos-Chios
Lungau
Luxemburg-Saarland
Madeira
Mallorca
Marken-Adriaküste
Mecklenburgische
    Seenplatte
Meran
Montafon
Mont Blanc
Montenegro
Mühlviertel
München
München - Venedig
Münsterland
Golf von Neapel
Neuseeland
Neusiedler See
Niederlande
Niederrhein
Nockberge
Norische Region
Normandie
Norwegen Süd
Oberlausitz
Oberpfälzer Wald
Odenwald
Ossola-Täler
Ostfriesland

Ost-Steiermark
Osttirol Nord, Süd
Ötscher
Ötztal

La Palma
Patagonien
Pfälzer Weitwander-
    wege
Pfälzerwald
Picos de Europa

Piemont Nord, Süd
Pinzgau
Pitztal
Provence
Pyrenäen 1, 2, 3, 4
La Réunion
Rheinhessen
Rheinsteig
Rhodos
Rhön
Riesengebirge
Rom-Latium
Rügen
Ruhrgebiet
Salzburg
Salzkammergut Ost
Salzkammergut West
Samos
Sardinien
Sauerland
Savoyen
Schottland
Schwabenkinder-Wege
    Oberschwaben
Schwäbische Alb Ost
Schwäbische Alb West
Schwarzwald Fernwan-
    derwege
Schwarzwald Nord
Schwarzwald Süd
Schweden Süd und
    Mitte
Seealpen
Seefeld
Sierra de Gredos
Sierra de Guadarrama
Sizilien
Spessart
Steigerwald
Steirisches Weinland
Sterzing

Stubai
Stuttgart
Südafrika West
Surselva
Tannheimer Tal
Tasmanien
Hohe Tatra
Niedere Tatra
Tauern-Höhenweg
Hohe Tauern Nord
Tauferer Ahrntal
Taunus
Tegernsee
Teneriffa
Tessin
Teutoburger Wald
Thüringer Wald
Toskana Nord
Toskana Süd
Türkische Riviera
Überetsch
Umbrien
Ungarn West
Vanoise
Veltlin
Via de la Plata
Vierwaldstätter See

Vinschgau
Vogesen
Vogesen-Durchquerung
Wachau
Waldviertel
Oberwallis
Unterwallis
Weinviertel
Welterbesteig Wachau
Weserbergland
Westerwald
Westerwald-Steig
Wien
Wiener Hausberge
Zillertal
Zirbitzkogel-
    Grebenzen
Zugspitze
Zürichsee
Zypern

Vorwort

Wandern an der berühmtesten Küste Europas, ja vielleicht der Welt. Also dort, wo scheinbar jede Bucht und jeder Hain, jedes Dorf und jeder Hang die Spuren eines harten Tourismus zeigt. Dort, wo im Juli und August die Massen wie Mückenschwärme einfallen. Dort an der französischen Riviera, der Hochburg der Reichen, der Schönen (oder derjenigen, die es sein möchten), des rechtsextremen Front National.

Auf zehn Reisen entdeckten wir eine andere Côte d'Azur. Hier, wo sie ihrem Namen noch gerecht wird: azurblaue Küste. Im Herbst zum Beispiel am Cap Camarat in der Nähe der berühmten Strände von Saint-Tropez, als die trendigen Restaurants die Rolläden längst wieder runtergelassen hatten. Zweimal waren wir den ganzen Juni unterwegs, entdeckten das karge Hochland von Grasse, das die Montagne du Cheiron (1778 m) mit einer 1000 Meter hohen Südflanke beherrscht, in der Bergbauern einst weit hinauf ihre Ackerterrassen angelegt hatten. Einmal waren wir im Februar unten, während Schneestürme über die restlichen Alpen fegten. Blühende Mimosen sahen uns in kurzen Hosen über einen Kreuzweg zu einer Kapelle aus dem 12. Jahrhundert spazieren. Zwei Tage später pilgerten wir über vereiste Pfade auf den Gebirgszug der Sainte-Baume, von wo wir auf die Provence hinabschauten. Im April verließen wir einmal das trübe Toulon bei Nieselregen mit dem Bus, und draußen am Cap Sicié empfing uns eine blühende Welt, die nur noch aus Farben, Düften und dem Meer bestand. Und Porquerolles, jenes Eiland vor Hyères, wo gelebt und gebadet, gewandert und geradelt wird? Das erste Mal blieben wir nur einen Tag auf der größten der Îles d'Or, beim nächsten Besuch leisteten wir uns ein Zimmer in der »Auberge les Glycines«, und als wir wieder kamen, hatten wir eine Ferienwohnung direkt am Hafen gemietet. Wenn wir noch einmal das Schiff nach Porquerolles besteigen, lösen wir wohl nur eine einfache Karte.

Dann nochmals die ganze Küste im Schnellzugtempo. Mit dem Nachtzug von Genf nach Nizza, zu Fuß von Menton über Ste-Agnès, dem höchstgelegenen Küstendorf Frankreichs, nach La Turbie, wo wir im Dauerregen mit dem Taxi nach Monaco abstiegen. Und dann la traversée des Calanques von Cassis nach Marseille. Schon in Callelongue, nach zehnstündigem Marsch, hätten wir den Bus nehmen können. Aber wir schulterten nochmals die Rucksäcke, entfernten uns von Häfen, Autos, Häusern, Festungen. Wir nahmen noch einmal einen (markierten) Pfad durch die steinige und grüne Landschaft unter die Füße, sogen den Duft der Pinien und des Thymians ein. Und draußen, comme toujours: la Méditerranée. Es ist der westlichste Weg der Calanques, der letzte Abschnitt des *GR des Balcons de la Côte d'Azur*. Sein Name: *Sentier du Président*.

Bern, im Frühling 2013   Daniel Anker

Inhaltsverzeichnis

Vorwort ... 5
Übersichtskarte ... 8
Touristisch Hinweise von Azur bis Zigzag ... 10

Zwischen Menton und Nizza: Seealpen ... 20
1 Roc d'Orméa: Erster Alpengipfel zwischen Sospel und Menton ... 22
2 Mont Razet: Ein- und Aussichten am Col de Castillon ... 26
3 Cime de Baudon: Die Adlerhorste von Ste-Agnès und Gorbio ... 28
4 »Balcons de la Côte d'Azur«: Von Menton nach Ste-Agnès ... 30
5 Grande Corniche:
   Von Ste-Agnès über La Turbie nach Èze-Bord-de-Mer ... 32
6 Èze und Mont Bastide: Sentier Nietzsche und andere Pfade ... 36
7 Cap Ferrat: Villenschau auf dem sentier touristique ... 38
8 Cime de Roccassièra: Sonnige Stunden in Coaraze ... 40
9 Mont Macaron: Dornröschen oberhalb von Tourrette-Levens ... 42
10 Mont Chauve d'Aspremont: Über den Dächern von Nizza ... 44

Haut Pays Grassois: steinerne Wogen ... 46
11 Baou de St-Jeannet: Ein Kletterberg als Wandergipfel ... 48
12 Pic de Courmettes – Puy de Tourettes: Die Welt der Bergbauern
   zwischen Tourrettes-sur-Loup und St-Barnabé ... 50
13 Montagne du Cheiron:
   Höhepunkt und Grattour von Coursegoules nach Gréolières ... 54
14 Circuit de Cipières: Spaziergang durch ein Meer von Steinen ... 56
15 Gourdon: Chemin du Paradis von Le Bar-sur-Loup ... 58
16 Le Haut Montet – Colle du Maçon: Der lange Marsch von
   Le Bar-sur-Loup nach St-Vallier-de-Thiey ... 60
17 Alte Route Napoléon:
   Kaiserlicher Weg von St-Vallier-de-Thiey nach Escragnolles ... 62
18 Gorges de la Siagne: Baden abseits des Meeres ... 64

Estérel: rote Klippen ... 68
19 Île Ste-Marguerite – Île St-Honorat: Inselfest vor Cannes ... 70
20 Les Balcons de l'Estérel:
   Sieben Gipfel zwischen Théoule-sur-Mer und Anthéor Plage ... 72
21 Pic du Cap Roux: Wallfahrtsstätten an der Corniche d'Or ... 76
22 Cap du Dramont: Ein klassischer Ort der Estérel-Küste ... 78

Massif des Maures: grüne Wellen ... 80
23 Rocher de Roquebrune:
   Himmelsleiter bei Roquebrune-sur-Argens ... 82

24 Fort Freinet – Roches Blanches:
In der Sarazenenhochburg La Garde-Freinet.................. 86
25 Chartreuse de la Verne: Das Kartäuserkloster
am Weg von Collobrières ins Tal von La Môle 88
26 Bormes-les-Mimosas: Dorfrundgang und Kreuzweg
zur Notre-Dame de Constance............................. 92

Côte varoise: azurblaue Küste 94
27 Cap de Saint-Tropez: Und immer lockt die Plage de Tahiti 96
28 Cap Lardier – Cap Camarat – Cap de St-Tropez: Auf dem sentier
littoral in zwei Tagen entlang der Halbinsel von Ramatuelle..... 98
29 Île de Port-Cros: Rund um einen Nationalpark 102
30 Île de Porquerolles: Bummel zu kulturellen und
botanischen Sehenswürdigkeiten........................... 104
31 Île de Porquerolles: Rundkurs auf »geheimen« Pfaden 108
32 Presq'île de Giens: Küstenweg vom Badine-Strand nach Giens. 112

Zwischen Toulon und Marseille: heilige Kämme 116
33 Mont Faron: Sportliche Gehsteige am Hausberg von Toulon ... 118
34 Gorges du Destel: Schluchtwandern oberhalb von Ollioules ... 120
35 Cap Sicié – Notre-Dame du Mai: Steilküste zwischen
Fabrégas und Le Brusc Port............................... 122
36 Von St-Cyr-sur-Mer nach Bandol: Die Bahn macht's möglich... 126
37 La Sainte-Baume mit der Chapelle du Saint-Pilon:
Wallfahrten bei der *Hôtellerie de Sainte-Baume* 128
38 La Sainte-Baume mit Signal des Béguines – Pic de Bertagne:
Von Signes über den ganzen Kamm nach Gémenos 130

Calanques: Meeres-Berge................................. 134
39 Calanque d'En Vau: Beliebte Wanderung bei Cassis 136
40 Mont Puget: Gipfeltreffen oberhalb der Uni von Luminy 138
41 Cap Morgiou: Kalkschiff vor Luminy und Les Baumettes 140
42 »Balcons de la Côte d'Azur«: Von Cassis nach La Madrague
de Montredon/Marseille in ein bis zwei Tagen 142
43 Traversée des Calanques par le bord de mer: zwölfstündiger
Uferweg für Alpinisten von Callelongue nach Cassis.......... 146
44 Montagne de Marseilleveyre: zwischen Metropole und Meer ... 150

Côte d'Azur: Küste der Alpen 152
45 Der blaue Horizont: In 15 Etappen von Menton nach Marseille . 154

Stichwortverzeichnis 159

Touristische Hinweise von Azur bis Zigzag

Anforderungen: Strandspaziergang bis Gipfeltour
Die Mehrzahl der hier vorgestellten Wanderungen an der Côte d'Azur verlaufen auf markierten Wegen und Pfaden: als rot-weißer *sentier de Grande Randonnée (GR)*, als gelb markierter *petit sentier* (kleiner Weg); auch der Küstenweg, der *sentier du littoral*, ist meistens gelb markiert. Sowohl an der Küste wie im Hinterland sind vielfach Trittsicherheit und Schwindelfreiheit erforderlich. Um die jeweiligen Anforderungen auf den ersten Blick besser einschätzen zu können, werden die Wandervorschläge mit verschiedenen Farben bezeichnet. Ihre Bedeutung:

Leicht Diese Wanderwege sind gut markiert, meistens ausreichend breit, kaum ausgesetzt und im Normalfall nur mäßig steil. Sie erfordern keine Bergerfahrung und können oft auch bei Schlechtwetter verhältnismäßig gefahrlos begangen werden. Diese Wanderungen dauern kaum länger als 4 Stunden.

Mittel Diese Wanderwege sind ausreichend markiert, teils schmal und ausgesetzt; einzelne Stellen können versichert sein. Eine Portion Trittsicherheit, eine Portion Schwindelfreiheit und eine Portion Kondition und wie immer eine passende Ausrüstung (zum Beispiel festes Schuhwerk) sind nötig. Die Gehzeit auf diesen Wanderungen kann bis zu 8 Stunden betragen.

Schwierig Diese Wege und Steige – manchmal markiert (teilweise sogar als offizielle Wanderwege), manchmal aber auch weglose Routen – sind wirklich trittsicheren, schwindelfreien, konditionsstarken und orientierungserfahrenen Bergwanderinnen und Berggängern vorbehalten. Der Gebrauch der Hände zur Fortbewegung im steilen, felsigen Gelände kann manchmal nötig sein; das gilt auch auf den rot bezeichneten Touren in den Calanques, wo auch die Normalwege um einen halben bis ganzen Grad schwieriger sind als sonst üblich zwischen Menton und Marseille.

Bahn, Bus, Boot: öffentliche Verkehrsmittel
Alle Talorte, Ausgangs- und Endpunkte der vorgestellten 44 Tageswanderungen sowie des Weitwanderweges »Der blaue Horizont« von Menton nach Marseille sind mit öffentlichen Verkehrsmitteln erreichbar. Das Netz von Bahnen, Bussen und Booten ist sicher nicht so dicht geknüpft wie zum Beispiel in der Schweiz; vor allem fehlt ein Kursbuch, in dem alle Linien aufgeführt wären. Aber dank Internet geht alles ein bißchen einfacher. Hier ein paar Tipps:

- Die Fahrpläne (der Züge) unter www.voyages-sncf.com, www.bahn.de, www.sbb.ch oder www.oebb.at. An den größeren Bahnhöfen gibt's gratis verschiedene Fahrpläne.

■ Auf folgenden Webseiten finden sich Busfahrpläne:
www.transbus.org (hier kann man mit der Postleitzahl eines Ortes die Busfahrpläne bzw. die entsprechenden Webseiten finden).
Im Departement Alpes-Maritimes: www.riviera-francaise.fr (Menton, Monaco und Hinterland; ✆ 04 93 35 93 60); www.lignesdazur.com (rund um Nizza: ✆ 08 1006 1006); www.sillages-stga.eu (für Grasse); www.rca.tm.fr (zwischen Cannes und Menton).
Im Departement Var: www.varlib.fr (Toulon, Hyères und St-Tropez); www.reseaumistral.com (rund um Toulon).
■ An Sonn- und Feiertagen ist der Busverkehr verdünnt, oft eingestellt.

Chemin de Fer: zum Beispiel der »Tannenzapfenzug«
Vier Bahnstrecken, zwei große und zwei kleine, führen an die französische Südostküste hinunter:
1. von Deutschland/Schweiz über Mailand, Genua und Ventimiglia nach Nizza, 2. von der Schweiz über Turin, Cuneo, den Tendapaß und Sospel nach Nizza, 3. von Frankreich/Schweiz über Grenoble und den Col de la Croix Haute nach Digne und weiter mit dem Train des Pignes (»Tannenzapfenzug«) der Chemins de Fer de Provence nach Nizza, 4. von Frankreich/Schweiz (Paris/Genf) über Lyon und Avignon durch das Rhônetal hinunter nach Marseille und Nizza. Der Hochgeschwindigkeitszug »TGV Méditerranée« braucht für die Strecke Paris – Marseille bloß drei Stunden, für die Strecke Genf – Nizza nur sechseinhalb Stunden – so schnell ist man kaum mit dem Flugzeug und schon gar nicht mit dem Auto.
Zwischen Ventimiglia und Marseille, auf einer der schönsten Bahnstrecken der Welt, fahren zahlreiche Züge: TGV, Schnellzüge und Bummler.

Dauer: auf eine Viertelstunde genau
Die Gehzeiten beziehen sich auf ein Marschtempo von etwa 4 km im flachen bzw. etwa 300 Höhenmeter (Aufstieg) im geneigten Gelände pro Stunde und bei normalen Verhältnissen, Bade- und andere Pausen nicht einberechnet.

Essen & Trinken: Baguette und Bandol
Verpflegungsmöglichkeiten bestehen in den meisten Dörfern der Côte d'Azur (außer manchmal tief in der Nebensaison), in den größeren Orten auch sonntags; häufig ist die Boulangerie offen, wo man ein Baguette, ein Croissant oder ein Pain au chocolat kaufen kann. Unterwegs allerdings muß man sich aus dem Rucksack ernähren, außer dort, wo der Wanderweg an Strandkneipen vorbeikommt. Man muß also auch genügend Flüssigkeit mitnehmen; die Trinkflasche läßt sich an den Dorfbrunnen wieder auffüllen. Zu einem Picknick mit lokalen Köstlichkeiten (Terrine, Käse, getrocknete Tomaten) paßt natürlich auch gut eine Flasche Côtes de Provence, Bandol, Cassis oder Bellet (der Wein von Nizza). Bon appétit et à votre santé!

Führer: oft in Kiosken und Maisons de la Presse erhältlich

- Pierre Garcin, Nicolas Lacroix: Sentiers du littoral méditerranéen. Randennées de Marseille à Saint-Tropez, Éditions Glénat 2008. Superbe!
- François Labande: Provence méridionale et Côte d'Azur, Éditions Olizane 2002.
- Die brauchbaren (gute Kartenskizzen) und detaillierten, meistens von Alexis Lucchesi verfaßten Werke des Verlages Édisud (Aix-en-Provence).
- Die Führer aus der Reihe »petites traces vertes« der Editions Didier Richard (Grenoble) mit vor allem kürzeren Wanderungen; je 52 balades en famille führen ins Pays niçois, in die Umgebung von Cannes und Grasse, Toulon und Hyère sowie rund um die Hafenstadt Marseille.
- Die offiziellen Topoführer der Fédération française de la randonnée (Paris), die jeden GR in Frankreich abdecken, oftmals allerdings auch die petites randonnées; empfehlenswerte Werke und Führer: Balcons de la Méditerranée (GR 51 von Menton nach Marseille), Massifs Provençaux (GR 9, 98 und 90 mit Sainte-Victoire, Sainte-Baume, Maures, Calanques), La Côte varoise et les Îles, Les Calanques à pied de Marseille à Cassis.
- Philipp Bachmann: Zu Fuss von Genf nach Nizza, Band 2: Provenzalische Alpen, Rotpunktverlag 2008: direkt nach Nice, oder auf einem Umweg über Menton – viel Info und Hintergrund.
- Werner Bätzing/Michael Kleider: Die Seealpen. Naturpark-Wanderungen zwischen Piemont und Côte d'Azur, Rotpunktverlag 2010: die Bibel für die Alpes Maritimes.
- Ralf Nestmeyer: Provence – Cote d'Azur, Michael Müller Verlag, 2012: der Führer neben den Wanderführern.
- Thomas Rettstatt: Provence; Reinhard Scholl: Seealpen, beide Rother Wanderführer: die perfekte Ergänzung zum vorliegenden Werk.

Rundum erfrischend: Picknickplatz Calanque d'En Vau. Die leere Flasche bitte wieder mitnehmen.

Gebrauch des Wanderführers: fast ein Netz von Tagestouren
Die Touren wurden zuweilen so ausgewählt, daß sich der Endpunkt der einen Wanderung mit dem Start der nachfolgenden Tour deckt. Es entstand somit ein grobmaschiges, mit sämtlichen touristischen Informationen geknüpftes Wegenetz entlang der Côte d'Azur und ihrem küstennahen Hinterland.

Höhenunterschied: auch der Abstieg zählt
Aufstieg und Abstieg sind dann angegeben, wenn sie unterschiedlich sind. Nicht nur das Höhersteigen braucht Kraft und Ausdauer, sondern auch das »Hinabbremsen« – und manchmal das Geradeausgehen über lange Sandstrände. Die Höhenangaben stammen mehrheitlich von der IGN-Karte 1: 25 000.

Information: Adressen der Verkehrsvereine – Internetadressen
Offices de Tourisme nach Regionen und Departementen:
Comité Régional du Tourisme Riviera – Côte d'Azur, 400, promenade des Anglais, F-06203 Nice Cedex 3, ✆ 0033 (0)4 93 37 78 78, www.cotedazurtourisme.com
Comité Régional du Tourisme Provence-Alpes – Côte d'Azur, 10, place de la Joliette – Les Docks, F-13567 Marseille Cedex 2, ✆ 0033 (0)4 91 56 47 00, www.tourismepaca.fr
Comité Départementale du Tourisme du Var, boulevard Foch, F-83303 Draguignan, ✆ 0033 (0)4 94 50 55 50, www.visitvar.fr
Comité Départementale du Tourisme des Bouches-du-Rhône, 13 rue Roux de Brignoles, F-13006 Marseille, ✆ 04 91 13 84 13, www.visitprovence.com
Maison du Tourisme de la Provence d'Azur, Centrale de Réservations Hôtelières et Touristiques, Forum Casino – 3, avenue Ambroise Thomas, BP 721, F-83412 Hyères, ✆ 0033 (0)4 94 38 50 91, www.provence-azur.com

Offices de Tourisme nach wichtigen Orten:
Nizza 06500 Menton, ✆ 04 92 41 76 76, www.menton.fr
8600 Nice, ✆ 0892 707 407, www.nicetourisme.com
Grasse 06130 Grasse, ✆ 04 93 36 66 66, www.grasse.fr
06400 Cannes, ✆ 04 93 39 24 53/04 92 99 84 22, www.cannes.fr
Estérel 06590 Théoule-sur-Mer, ✆ 04 93 49 28 28, www.theoule-sur-mer.org
83702 Saint-Raphaël, ✆ 04 94 19 52 52, www.saint-raphael.com
Maures 83230 Bormes-les-Mimosas, ✆ 04 94 01 38 38, www.bormeslesmimosas.com
Côte varoise
83400 Hyères, ✆ 04 94 01 84 50, www.hyeres-tourisme.com
83400 Porquerolles, ✆ 04 94 58 33 76, www.porquerolles.com
83990 Saint-Tropez, ✆ 0892 68 48 28, www.ot-saint-tropez.com

Zwischen Toulon und Marseille
> 83000 Toulon, ℂ 04 94 18 53 00, www.toulontourisme.com
> 83150 Bandol, ℂ 04 94 29 41 35, www.bandol.fr
> 13260 Cassis, ℂ 0892 259 892, www.ot-cassis.com
> 13001 Marseille, ℂ 04 91 13 89 00, www.marseille-tourisme.com

Französische Fremdenverkehrsämter:
Deutschland: Atout France, Postfach 100128, D-60001 Frankfurt am Main,
> info.de@rendezvousenfrance.com

Schweiz: info.ch@rendezvousenfrance.com
Österreich: Atout France, ℂ 0043 (0)1 503 28 92, info.at@rendezvous-
> france.com

Allgemeine Informationen im Internet:
www.rendezvousenfrance.com (offizielle Website der französischen Zentrale für Tourismus).
Hinweis: Oft geht die Suche am schnellsten und einfachsten mit Google, am besten über www.google.fr.

Jahreszeit: den Hochsommer meiden
Es gibt nur zwei Monate, an denen die Côte d'Azur zu meiden ist: Juli und August. Zu voll, zu heiß, zu trocken, zu laut.

- **Schönste Wandersaison:** April bis Juni, wenn alles blüht, alle Hotels und Museen offen sind, alles möglich ist; nur das Meer dürfte für die Fröstelnden noch etwas wärmer sein. Im April und Mai ist das Wetter noch nicht so beständig, mit Regenschauern ist zu rechnen; im Juni ist der Himmel häufig blau, der Ginster schon etwas verblüht, und manchmal wird es auf den Küstenbergen ganz schön heiß. Und im Frühling, wenn die Mimosenbäume gelb vor dem blauen Himmel stehen? Nichts wie hin, trotz zuweilen grauer Wolken! Und im Oktober und November, wenn viele Hotels, Restaurants und Läden geschlossen sind, die Blätter aber noch farbig an den Bäumen hängen, die letzten Blumen aufblühen? Auch diese Jahreszeit hat ihren sehr besonderen Reiz. Und wenn der Mistral bläst, so stört das nur die Badenden, nicht aber die randonneurs.
- **Feste:** In der zweiten Februarhälfte finden in Nizza der Karneval und in Menton das Zitronenfest statt.
- **Jagdzeit:** Es empfiehlt sich, im September farbige Kleidung zu tragen.
- **Waldbrandgefahr:** Noch ein Grund, warum der Hochsommer zum Wandern zu meiden ist: Bei Waldbrandgefahr können die Wege (zum Beispiel im Massif des Maures) gesperrt werden. Im Département Bouches-du-Rhône gilt vom 1. Juli bis zum 2. Samstag im September gar ein Begehungsverbot für die Wege in den Wäldern und im Unterholz; ausgenommen davon sind die Wege an der Küste, zum Beispiel ein paar in den

Ruhe vor dem Sturm: Juni-Rast auf dem Gipfel von Port-Cros (Tour 20).

Calanques wie der *Sentier de la Douane* und der Weg von Cassis nach En Vau. Die Brandschutzstraßen sind keine Wanderwege; es ist ja auch nicht schön, in diesen Schneisen zu wandern, obwohl einem manchmal nichts anderes übrigbleibt. Wichtig wegen der Waldbrandgefahr: Feuer machen ist verboten, das Rauchen auf den Wanderwegen häufig auch.

■ **Météo:** Wettervorhersage nach Départements ✆ 08 92 68 02 plus die beiden Ziffern der Départements: 06 für Alpes Maritimes, 13 für Bouches-du-Rhône, 83 für Var. Wenn es so nicht funktioniert, kann ✆ 08 92 68 08 08 gewählt werden. Die Wettervorhersage findet man auch in den Zeitungen »Nice Matin« und »Var Matin«. Und: www.meteofrance.com.

Karten: TOP 25 ist wirklich top
Wer Karten zum Wandern will, greift zu den blauen IGN-Karten in der Form TOP 25 (Maßstab 1: 25 000). Auf ihr sind nicht nur die Wanderwege rot eingezeichnet, sondern zahlreiche andere touristische Informationen. Die Karten können normalerweise unterwegs gekauft werden: in den Maisons de la Presse, manchmal auch in guten Bars.

Literatur: feine (Rucksack-)Lektüre
- Doris Gercke: Tod in Marseille, 2010; mit Zitaten von Walter Benjamin bis Jean-Claude Izzo.
- Mary Blume: Côte d'Azur. Geschichte und Geschichten von der Belle Epoque bis zur Gegenwart, 1993; für den Rucksack ein bißchen zu schwer, aber als Strandlektüre ein Muß, da das Buch unterhaltsam erklärt, warum Mann und Frau am azurblauen Meer liegen.
- Geoffrey Bocca: Bikini beach. Die Riviera, das Paradies der läßlichen Sünden, 1963; nicht ganz taufrisch, aber hübsch.
- Manfred Flügge: Wider Willen im Paradies, 1996; alles über Sanary-les-Allemands. Genau so wie »Sanary-sur-Mer: Deutsche Literatur im Exil« von Heinke Wunderlich.
- Erika und Klaus Mann: Das Buch von der Riviera, 1931; hat nichts von seiner Frische verloren.
- Dominique Marny: Das Hotel am Meer, 2003; der französische Originaltitel »La rose des vents« hört sich auch nicht schlecht an.
- Guy de Maupassant: Sur l'eau; der Klassiker von 1888, der 1924 unter dem Titel »An Bord« und 2012 unter »Auf See« (Mare Verlag) herauskam – nur Segeln ist schöner als Wandern ...
- Ralf Nestmeyer: Provence – Côte d'Azur. Ein literarischer Reisebegleiter, 2002: Oder ist Lesen schöner als Wandern?
- Jens Rosteck: Gebrauchsanweisung für Nizza und die Côte d'Azur, 2007; der Autor lebt in Nizza – na also!
- Françoise Sagan: Bonjour Tristesse, 1954; Skandel, Bestseller, Klassiker.
- Hans Scherer: Côte d'Azur, 2007; Essays einer Flaneurs.
- Georges Simenon: Maigret an der Côte d'Azur, 2007; zwei Romane in einem Band.
- Heinke Wunderlich: Spaziergänge an der Côte d'Azur der Literaten, 1993; gehört in den Koffer und in den Rucksack aller, die an der Küste mehr als Sonne, Strand und so im Sinne haben.

Material: Sandalen und Stöcke
Für den Küstenweg ums Cap Ferrat, den Bummel zu Porquerolles Stränden oder den Spaziergang über die Croisette in Cannes reichen Sandalen durchaus. Aber sonst empfehlen sich stabile Wanderschuhe und knapp sitzende Badekleider (für die Plage de Pampelonne braucht's nicht mal die). Sonnenschutzartikel, Regenbekleidung und Bankomatkarte gehören ebenfalls in den Rucksack, genügend Flüssigkeit auch. Im verbuschten Gelände auf den schwierigeren Touren sind lange Hosen und Stöcke von Vorteil.

Natur- und Umweltschutz: die Alpenküste bewahren
1. Keinen Dreck zurücklassen, weder Abgase noch Abfall.
2. Tiere und Pflanzen schonen.

3. Respekt zeigen vor den Einheimischen und ihrem Eigentum.
4. Markierte Wege nicht verlassen.
5. Auf den Wanderwegen nicht rauchen oder Feuer machen.
6. Zelten außerhalb ausgewiesener Plätze nicht erlaubt.

Orientierung: links ist nicht gleich links
Die Richtungsangaben links/rechts erfolgen im Sinne von Auf- und Abstieg; es heißt jedoch auf der rechten Talseite, am rechten Ufer – und das ist genau definiert (nämlich in der Fließrichtung). Die Namensgebung erfolgt nach den Blättern der IGN-Karte 1: 25 000 sowie nach Führern.

Für Fußgänger erlaubt: Sympathisches Schild im Hinterland (Tour 14).

Privatbesitz: Betreten verboten
Propriété privée ist an der Côte weitverbreitet: Was auf der Karte wie ein Pfad, ein Weg oder gar ein Sträßchen aussieht und eigentlich begehbar wäre, ist es in Wirklichkeit nicht: privat, gesperrt, kein Durchkommen.
Schilder und ähnliches weisen oft unmißverständlich auf das Betretungsverbot hin. Wer sich an die offiziellen Wanderwege (GR, sentier du littoral etc.) hält, wird keine bösen Überraschungen und Hunde erleben. Allerdings können mehr als die auf den touristischen Wanderkarten eingezeichneten Wege benützt werden.

Rettung: Au secours!
Polizei/Police ✆ 17
Feuerwehr/Pompiers ✆ 18
Fast in jedem Dorf gibt es eine Station oder Poste de Police. Bergwacht heißt auf französisch: secours en montagne.

Sport: nur Baden ist schöner
■ **Canyoning:** Neben den Pyrenäen ist das Hinterland der Côte d'Azur eines der Topgebiete Europas; vor allem in den Alpes Maritimes gibt es zahlreiche wilde Schluchten.
■ **Klettern:** Einen guten Überblick gibt die IGN-Karte 909 »France. Sîtes naturels d'escalade«. Und mit folgenden Führern dürfte man mehr als ein paar Frühlingswochen beschäftigt sein: Jean-Claude Raibaud: L'escalade dans les Alpes-Maritimes; Christian Rive: Escalade dans les Maures et l'Estérel; Denis Garnier: Escalades autour de Toulon; Bignon/Fenouil/Fris-

que/Lucchesi: Sélection d'Escalades dans les Calanques. Für die Führer: www.pizbube.ch. Und: Klettersteige sind auch in Südfrankreich voll in, mehr dazu unter www.viaferrata.org.
- **Radfahren:** Ein Beispiel: Estérel-Massiv und -Küste eignen sich auch hervorragend zum Radeln (Mountainbike von Vorteil). Der höchste Gipfel des Estérel ist ebenso befahrbar wie einige tiefe Schluchten.

Trekking: Sentiers de Grande Randonnée (GR)

GR 51 Sentier de Grande Randonnée »les Balcons de la Côte d'Azur«, Teil des europäischen Fernwanderweges *E7* von Zagreb nach Lissabon. An seinem Beginn schließt er an die *»Alta Via dei Monti Liguri«* an. Tour 45
GR 52 und *5* von Valdeblore durch den Mercantour Nationalpark nach Sospel und weiter nach Menton; er ist die alpine Variante des *GR 5* (der gleichzeitig der Fernwanderweg von Amsterdam nach Nizza ist) sowie die Fortsetzung des italienischen GTA (der vom Monte Rosa herkommt) ans Mittelmeer (Touren 1, 10, 45).
Der *GR 510 Le Sentier des Huit Vallées* quert die acht Täler im Hinterland von Nizza von Beil-sur-Roya nach St-Cézaire-sur-Siagne (Touren 17, 18).
GR 4 und 49: Die beiden *GR* führen aus der Provence nach Grasse (Tour 16) bzw. nach St-Raphaël.
GR 9, 98 und 90: Der *GR 9* kommt von Norden ans Mittelmeer hinunter und geht über das Massiv der Sainte-Baume und das Mauren-Gebirge nach St-Pons-les-Mûres westlich von St-Tropez (Touren 24, 37). Von dieser Strecke zweigen zwei sehr empfehlenswerte Äste ab: der *GR 98*, der von der Sainte-Baume nach Cassis hinabsinkt und dann durch die Calanques nach Marseille führt (Touren 38, 42), sowie der *GR 90*, der von der Notre-Dames des Anges Le Lavandou erreicht (Tour 45, Variante).

Unterkunft: Hotels, Gîtes d'étapes und Campings

Die Unterkunftsmöglichkeiten wurden möglichst mit Telefonnummern einzeln angegeben. Oft stehen auch andere wichtige Informationen dabei. In den meisten Unterkünften kann auch eingekehrt werden.
Sehr nützlich sind das Hotelverzeichnis für die Region Provence-Alpes – Côte d'Azur sowie das Verzeichnis »Hôtels de toursime« (u.a. bei den Comités Régionals de Tourisme erhältlich). Die Départements Alpes Maritimes, Var und Bouches-du-Rhône geben eigene Hotelverzeichnisse heraus. Nicht fehlgehen kann man in der Regel mit den Hotels, die zu den Logis de France gehören, www.logis-de-france.com
Informationen zu Etappenunterkünften, Jugendherbergen und Hütten: www.gites-refuges.com.
Fürs Zelten erweist sich der Michelin »Camping Caravaning France« sowie natürlich der entsprechende ADAC-Führer als hilfreich. Wer es bescheidener mag, wählt Camping à la ferme (Zelten auf dem Bauernhof).

Als sehr vorteilhaft haben sich Wanderferien mit dem Wohnmobil gezeigt, weil man so oft in der Nähe der Touren nächtigen kann. Denn in der Zwischensaison darf man das Gefährt auch abseits von Zeltplätzen über Nacht parkieren – an geeigneten Orten selbstverständlich. Mehr dazu bei Ralf Greus' »Mit dem Wohnmobil durch die Provence und an die Cote d'Azur. Teil 2: Der Osten« (Womo-Verlag 2007).

Veranstalter, Vereine und Internet: Exkursionen zu Fuß und im Netz
Geführte Wandertouren an der Côte d'Azur sind (noch) recht selten: Offenbar gehen die Touristen lieber baden als wandern.
An folgende französische Wandervereinigungen kann man sich wenden:
Fédération française de randonnée pédestre FFRP, 14, rue Riquet, 75019 Paris, ✆ 01 44 89 93 93, www.ffrandonnee.fr.
Comité Départemental de la Randonnée Pédestre des Alpes Maritimes, ✆ 04 93 20 74 73, www.cdrp06.org.
Société des excursionnistes marseillais, 16 rue Rotonde, 13001 Marseille, ✆ 04 91 84 75 52, www.excurs.com.
Gute Übersicht bei: www.la-rando.com, www.gr-infos.com, www.montagnes.com, www.randoxygene.org.

Wege: rot-weiß, gelb und bunt
Im Département Alpes-Maritimes sind die markierten Wege meist mit nummerierten Wegweisern versehen. Die Nummern finden sich auch auf den Wanderkarten der IGN-Serie TOP 25, so daß man immer den eigenen Standort kennt. In den beiden andern Départements gibt es – mit Ausnahme des gelb markierten *sentier du littoral* – wenig Wegweiser.
Wenn keine Markierungen vorhanden sind, oder diese so bunt ist, daß dies auch nicht weiterhilft, sollte man Karten lesen können; Schwierigkeiten ergeben sich wegen den privaten Grundstücken. Die *GR* sind gut, aber nicht auffällig mit rot-weißen Strichen markiert; kreuzen sich die Striche, dann ist man nicht mehr auf dem *GR*. Die *petit sentier*s sind mit breiten gelben Strichen versehen.
Ein Hinweis: Schmale grüne Striche auf weißem Grund zeigen die Grenze eines Staatsforstes (forêt domaniale) auf.

Zigzag: Sprechen Sie Französisch?
Zigzag heißt Zickzack, zigzaguer bedeutet: hin und her taumeln. Das wünsche ich den Benützern dieses Führers nicht, weder auf dem Küstenweg rund um das Cap St-Tropez (obwohl der Weg kaum schnurgerade verläuft), noch in den Altstadtgassen von St-Tropez selbst. Wer im Französischen mehr versteht als bonjour und tristesse, hat es zwischen Marseille und Menton eine Spur leichter.
So oder so: une belle balade!

Zwischen Menton und Nizza: Seealpen

»Hier steigt der Alpenwall wie die leuchtende Gestalt der Göttin Aphrodite, aus den blauen Wogen des Meeres empor, um in kühnem Ansturme Europa zu gebieten.« So hielt Ludwig Purtscheller, einer der deutschsprachigen Entdecker der Alpes Maritimes, in seinem posthum publizierten Werk »Über Fels und Firn« von 1901 die Besonderheit der Seealpen fest. Also von jenem Stück Alpenbogen, das »von den blauen Wogen des Ligurischen Meeres« bespült wird. Von den Wogen allerdings ist nicht immer sehr viel zu sehen. 40 Kilometer hinter der Côte d'Azur scheint nichts an die milde Mittelmeerlandschaft zu erinnern. Karge Urgesteinlandschaft wie im Gotthardmassiv, dem Herz der Alpen; Granitplatten und Geröll, scharf gezackte Zinnen und spärliche Vegetation. Der Mont Clapier (3045 m), der südlichste Dreitausender der Alpen, thront auf der Grenze zwischen Frankreich und Italien; etwas weiter hinten die Cime du Gélas, in deren Nordflanke ein mediterraner Gletscher verkümmert.

Ganz anders die Landschaft am alpinen Meeresufer, die so gar nicht unserem Bild der Alpen entsprechen will. Dürrer Boden, stachlige Pflanzen, blühende Zitronenbäume und Olivenbäume auf terrassierten Hängen: die idyllische Wildnis hinter Monte Carlo. Eine Wanderung auf der Meeresseite der Seealpen kann freilich auch zum Roulette mit Teerstraßen, Villensammlungen und Saumpfadüberresten werden, begleitet von Hundegebell und Feigenbäumen, von denen wir ein paar Früchte stibitzen. Wer sich allerdings an den akkurat markierten *Weitwanderweg Nr. 51* »Les Balcons de la Côte d'Azur« (Touren 4, 5, 9 und 10) hält, wird sich zwischen Menton und Nizza, dem östlichsten Teil der azurblauen Küste, nicht verlieren. Der erste Balkon ist übrigens Plan de Leuze, 700 Meter schier senkrecht oberhalb des Jachthafens von Menton: Ruinen von Bauernhäusern, mit Trockensteinmauern eingegrenzte Felder voll Ginster und roten Blumen, unten das Meer mit dem Häusermeer von Monte Carlo in der Ferne, oben der Roc d'Orméa, der erste (oder letzte) Gipfel der Alpen. Ein schöner Ort, genauso wie Sainte-Agnès, wo wir von der Terrasse des Restaurant »Le Righi« den Beginn der Côte d'Azur überblicken.

In La Turbie steht unübersehbar das Tropäum Alpium, das Denkmal für die Unterwerfung der Alpenvölker, errichtet am 503. Meilenstein der späteren Via Aurelia von Rom nach Nimes und Narbonne. An diesem historischen Punkt kreuzt sich die kaiserliche Straße mit dem letzten, »Azur« genannten Abschnitt von transALPedes, jenem ökologischen Fußmarsch, der im Sommer 1992 in 122 Tagen von Wien nach Nizza führte, um auf die Zerstörung der Alpen und ihrer Völker aufmerksam zu machen und dagegen zu kämpfen.

Daß der Gipfel oberhalb von La Turbie Mont de la Bataille heißt, ist kein Zufall. Er ist nicht der einzige »Schlacht-Berg« zwischen Menton und Nizza. Oft finden wir die militärischen Zeugen bis zum Gipfel, wie beispielsweise beim

Coup de foudre: Der Aufstieg von Menton zum ersten Balkon der azurblauen Küste lässt das Herz schneller schlagen. Und wie!

Mont Razet (Tour 2) und Mont Chauve d'Aspremont, dem Hausberg von Nizza (Tour 10). Der südliche Teil der Alpes Maritimes war im Zweiten Weltkrieg stark umkämpft; der Kamm des Authion wurde am 25. April 1945 als letztes Gebiet in Frankreich von den deutschen Besatzern befreit.

Keine (kriegerischen oder agrarwirtschaftlichen) Ruinen, fast keine häßlichen (touristischen) Bauten begleiten die Rundwanderung um die Halbinsel des Cap Ferrat, sondern Traumvillen in bester Lage: Wir bewundern sie von außen – und innen (Tour 7). Die beiden anderen Uferspaziergänge in diesem Abschnitt der Côte d'Azur, das Cap Martin und das Cap d'Ail, lohnen sich weniger – auch deshalb, weil Traumstände dort rar sind. Und was wäre Küstenwandern ohne Badepause?

An der Alpenküste gehen, das bedeutet auch dies: senkrecht und waagrecht. Und die Wanderer im Schnittpunkt. Der Tiefblick auf die Häusermeere von Monaco und von Nizza. Dahinter das andere Meer. Die Karibik der vorletzten Jahrhundertwende, als die besseren Touristen in der Sonne der Côte d'Azur überwinterten, wie der deutsche Philosoph Nietzsche. Er verbrachte zwischen 1883 und 1888 fünf Winter in Nizza. Der klug gebaute Weg von Èze-Bord-de Mer durch den Steilabbruch hinauf ins Dorf Èze ist ihm gewidmet. Wir begehen den Sentier Frédéric Nietzsche gleich zweimal im Abstieg (Touren 5 und 6). Und dann baden wir die Füße im Mittelmeer.

1 Roc d'Orméa, 1132 m

Der erste (oder letzte) Gipfel des Alpenbogens

Sospel – Col du Razet – Colla Bassa – Baisse de Fayche Fonda – Col de Berceau – Roc d'Orméa – Plan de Lion – Menton-Garavan

Ausgangspunkt: Sospel (348 m) an der Bahnlinie Cuneo – Tende – Breil-sur-Roya – Nizza. Dazu auch Bus von Menton [Compagnie des Transports de la Riviera, ligne 15, ✆ 04 93 35 93 60, www.carfenbus.fr].
Endpunkt: Menton-Garavan (0 m); vgl. Tour 4.
Gehzeiten: Sospel – Col du Razet 2½ Std., Col du Razet – Roc d'Orméa 2 Std., Gipfel – Meer 1½ Std.; Gesamtgehzeit 6 Std.
Höhenunterschied: Aufstieg 1080 m, Abstieg 1440 m.
Distanz: 15 km.
Anforderungen: Bis auf den kurzen Gipfelanstieg, wo man die Hände kurz braucht, durchgehend auf dem weiß-rot markierten *GR 52*.
Beste Jahreszeit: Immer.
Einkehr und Unterkunft: In Sospel: Gîte d'étape Le Mercantour und Hôtel des Étrangers, ✆ 04 93 04 00 09; Camping Mas Fleury, ✆ 04 93 04 03 48. In Menton: vgl. Tour 4.
Variante: Von der Colla Bassa kann man auf dem gelb markierten Pfad durch die Ostflanke direkt zum steinernen Gipfeldenkmal von Le Grand Mont (1379 m), der sich auf der Grenze befindet, aufsteigen. In Italien heißt dieser höchste Gipfel zwischen Sospel und Menton Monte Grammondo. Der Abstieg erfolgt entweder zurück in die Colle Bassa oder auf einem Saumweg auf der italienischen Seite unterhalb des Grenzgrates bis zum Pas de la Corne, über man zurück nach Frankreich kommt. Rund 1 Std. zusätzlich.
Sehenswertes: La mer d'azur.
Karte: TOP 25: Vallée de la Bévéra (3741 ET), Nice – Menton (3742 OT).
Anschlußtouren: 2, 4, 45.

Wo taucht der Alpenbogen aus dem Mittelmeer? Bei der Trophée des Alpes oberhalb von Monaco, dem im Jahre 6 v. Chr. errichteten römischen Siegesdenkmal für die Unterwerfung der Alpenvölker? Wohl kaum, und wohl auch nicht mit dem Mont Agel (1448 m), der in der Nähe liegt. Er ist der höchste Berg direkt über der ganzen Côte d'Azur, aber leider unzugänglich, da das ausgedehnte Gipfelplateau mit geheimnisvollen Anlagen überbaut ist. Bleibt der lange Grat zwischen Frankreich und Italien, der sich von Le Gros Mont, vom großen Berg, ohne Unterbrechung bis in die azurblauen Fluten hinunterzieht. Die südlichste Erhebung auf diesem Grat, die als Gipfel bezeichnet werden kann, ist die Cime de Restaud. Von ihr durch den Col du Berceau – den Sattel der Wiege – getrennt, erhebt sich der Roc d'Orméa. Er bricht gegen das Meer mit einer 600 Meter hohen Wand ab, und an ihrem Fuß fand man in einer Höhle ein Skelett aus prähistorischer Zeit. L'homme de l'Orméa unterhalb der Wiege der Alpen: ein schöner Anfang.

Vom östlichen Dorfrand von **Sospel**, wo die Stichstraße vom Bahnhof her einmündet, folgt man der D 2566 Richtung Col de Castillon, bis nach der

Neuer Horizont: Der Weg zur Wiege der Alpen mit dem Roc d'Orméa (rechts).

Anfang oder Ende: Dämmerung auf dem Orméa-Felsen. Und wo ist das Meer?

ersten Haarnadelkurve der GR 52 links abzweigt. Er führt, am Anfang teilweise noch ein Sträßchen benützend, auf einen Gratrücken (etwa 810 m). Dahinter sinkt der Wanderweg ein wenig, quert die eingeschnittenen Bachrunsen im Forêt de l'Albaréa und steigt schließlich in diesem Buchenwald in den **Col du Razet** (1032 m).

Auf dem linken Höhenweg an militärischen und agrarwirtschaftlichen Ruinen sowie an terrassierten Hängen vorbei in die **Colla Bassa** (1107 m). Der GR 52 verläuft auf einem staubigen Erschließungssträßchen in die **Baisse de Fayche Fonda** (969 m) östlich des auffälligen Tour (1032 m) und dann steiler hinab zu einer Verzweigung bei P. 838 m. Auf dem linken Sträßchen bis in die erste Haarnadelkurve, wo der Fußweg abzweigt. Er führt durch terrassierte Hänge und an den Ruinen von Vieux Castellar vorbei hinauf in den **Col du Berceau** (etwa 1085 m). Westwärts auf Wegspuren auf den felsigen Gipfel des **Roc d'Orméa**.

Zurück in den Sattel der Wiege und evtl. noch auf die Cime de Restaud (1148 m). Dann südwärts steil durch eine im oberen Teil geröllige Rinne hinab zum **Plan de Lion** und zur Verzweigung (etwa 710 m) von GR 51 und 52. Südwärts auf dem GR 52 wie bei Tour 4 hinab nach **Menton-Garavan**.

2 Mont Razet, 1285 m

Einsichten und Aussichten im Hinterland von Menton

Col de Castillon – Baisse de Scuvion – Mont Razet – La Pierre Pointue – Col de Castillon

Talorte: Sospel: vgl. Tour 1; Menton: vgl. Tour 3.

Ausgangs- und Endpunkt: Col de Castillon (706 m) an der D 2566 von Menton nach Sospel; die alte Straße führt über den Paß und nur zuoberst durch einen Scheiteltunnel. Am Nordportal befindet sich die Haltestelle »Chemin de la Crotta« des Busses von Menton Gare Routière nach Sospel Gare SNCF [Compagnie des Transports de la Riviera, ligne 15, vgl. Tour 1].

Gehzeiten: Auf- und Abstieg je 1½ Std.

Höhenunterschied: 580 m.

Distanz: 6 km.

Anforderungen: Trittsicherheit; teilweise markiert.

Beste Jahreszeit: Immer.

Unterkunft: In Sospel: vgl. Tour 1; in Menton: vgl. Tour 4.

Variante: Von Sospel (348 m) als 5-stündige Rundtour: Aufstieg über L'Ibac und Piastrisse gegen den Col de Castillon, Abstieg von der Lücke bei der Pierre Pointue über den Col du Razet und den GR 52 (wie bei Tour 1).

Sehenswertes: In der Nähe zahlreiche Lilien, in die Ferne der Schnee der höchsten Gipfel der Alpes Maritimes und bei ganz guter Sicht Korsika.

Karte: TOP 25: Vallée de la Bévéra (3741 ET).

Anschlußtour: 1.

Ruinen ganz verschiedener Natur: In den Lücken nördlich und südlich des Mont Razet verstecken sich Bunker. Les blockhaus, so der französische Ausdruck für betonierte Gefechtsstände, waren gegen Mussolini gerichtet. Italien liegt hier ja fast nur eine Maschinengewehrsalve von Frankreich weg. Im Juni 1940 fanden blutige Kämpfe zwischen den beiden Ländern statt. Castillon selbst wurde nach der Landung der Alliierten im Jahre 1944 fast total zerstört. Friedlichen Zwecken dienten die Häuser von Fontanelle in der Westflanke des Mont Razet. Die terrassierten Hänge verraten, daß einst Ackerbau betrieben wurde; vom Traumblick auf die Küste allein konnte man ja nicht leben. Eine Quelle sicherte das Bewirtschaften der steilen Sonnenhänge. Und dann steht da noch unterhalb des Dorfes Castillon das halbrunde Viaduc du Ciaramel, ein ins Auge springendes Relikt der Schmalspurbahn von Menton nach Sospel.

Vom Nordportal des Scheiteltunnels auf dem **Col de Castillon** auf schmaler Teerstraße durch zwei Haarnadelkurven hinauf zu einem Parkplatz oberhalb

Überreste der alpinen Maginotlinie: Engpaß bei der Pierre Pointue.

des Tunnels. Nordwärts auf einem Teersträßchen gut 500 m weit gehen, bis links der schmale Wanderweg abzweigt (gelbe und blaue Markierungen). Er führt meistens im Schatten auf der Nordseite eines Grates aufwärts, kurvt in der teils felsigen Westflanke des Mont Roulabre hoch und zieht schließlich in dessen Südflanke in die **Baisse de Scuvion** (1158 m). Zwei Weiterwege:

1) NW-Grat: Vom Paß auf der linken von zwei Pfadspuren ansteigen; sie ist blau markiert, zieht in der Westflanke des NW-Grates hoch, geht dann aber rechts unterhalb des N-Gipfels des Mont Razet (1287 m; Stange) und auch unterhalb des Südgipfels (1285 m) hindurch auf den obersten Südgrat; man kann auch über den NW-Grat die Besteigung beenden.

2) W-Flanke: Von der Baisse de Scuvion auf dem Aufstiegsweg in die erste Serpentine zurück und mit wenig Höhenverlust durch die abschüssige W-Flanke des Mont Razet in die Lücke bei der Pierre Pointue; gleich nach dem ersten Bunker links auf Wegspur hinauf auf den S-Grat und immer in der Wegspur auf dem Grat zum Südgipfel des **Mont Razet**.

Über den Südgrat zurück zur **Pierre Pointue** (1176 m) und auf steinigem, ziemlich steilen und unmarkierten Weg in der Südwestflanke (die richtige Route ist mit Wegweisern angezeigt) absteigen. Unterhalb von Felsen wird der Weg flacher und zieht sich dem Hang entlang, an einer Quelle und an der aufgelassenen Siedlung Fontanelle vorbei. Schließlich mündet er in das Sträßchen, das zurück in den **Col de Castillon** leitet.

3 Cime de Baudon, 1264 m

Von Adlerhorst zu Adlerhorst, von Sarazenerburg zu Panoramaspitze

Sainte-Agnès – Château de Haroun – Cime de Baudon – Col de la Madone de Gorbio – Gorbio

Talort: Menton (0 m) an der Bahnlinie Nizza – Ventimiglia – Genua.

Ausgangspunkt: Sainte-Agnès (670 m) oberhalb Menton; Bus vom Gare Routière, der nordöstlich des Bahnhofs an der Avenue Sospel liegt [Compagnie des Transports de la Riviera, ligne 10, www.carfenbus.fr].

Endpunkt: Gorbio (376 m) oberhalb Menton; Bus zum Gare Routière [Compagnie des Transports de la Riviera, ligne 7].

Gehzeiten: Abstecher zur Burgruine in Ste-Agnès ½ Std., Ste-Agnès – Cime de Baudon 2½ Std., Cime de Baudon – Gorbio 2 Std.; Gesamtgehzeit 5 Std.

Höhenunterschied: Aufstieg 760 m, Abstieg 1040 m.

Distanz: 8 km.

Anforderungen: Am Château de Haroun in Ste-Agnès und an der Cime de Baudon Trittsicherheit; gelb markiert.

Beste Jahreszeit: Immer.

Einkehr und Unterkunft: In Ste-Agnès: vgl. Tour 4. In Gorbio: Auberge du Village, ✆ 04 93 35 87 83; Camping La Giandolla mit sehr schönen Plätzen.

Variante: Von Gorbio auf dem GR 51 (vgl. Tour 5) in 1½ Std. zurück nach Ste-Agnès (390 m im Auf- und 100 m im Abstieg, 3 km). Oder Tour in umgekehrter Richtung machen.

Sehenswertes: Das Panorama, zum Beispiel vom »Rhigi« in Ste-Agnès.

Karte: TOP 25: Nice – Menton (3742 OT).

Tipp: Fort Ste-Agnès: eine zur Verstärkung der Maginot-Linie 1932-38 erbaute Festung im Felsen von Ste-Agnès, deren Geschütze nach Italien zielten, mittelalterlicher Garten unter dem Schloß von Ste-Agnès; Auskunft bei der Mairie, ✆ 04 93 35 84 58.

Anschlußtouren: 4, 5.

Vier Höhepunkte weist diese Gipfeltour im Haut Pays Mentonnais auf. Zwei großartige Aussichtspunkte, die Cime de Baudon und die Burgruine des sarazenischen Prinzen »Haroun el Rachid« (Haroun der Edelmütige) auf dem

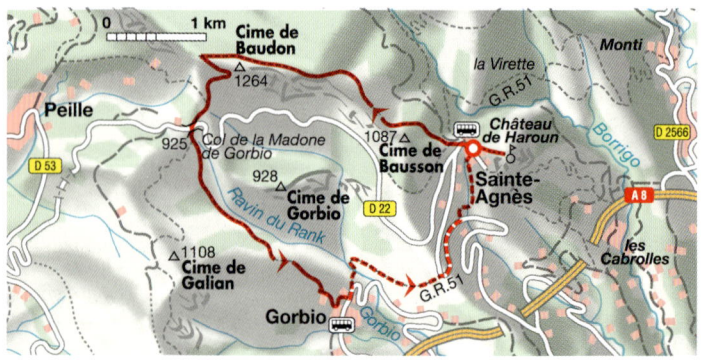

Zu steil für Strandläufer: Cime de Baudon, gesehen von der Cime de Bausson.

Felsen, in dessen Westflanke das mittelalterliche Dorf Ste-Agnès wie ein Adlerhorst liegt. Zwei Bergdörfer mit ihren eng aneinander gebauten Häusern und den malerischen Gassen dazwischen: Die villages perchés sind typisch für das Hinterland der Côte d'Azur – und Ste-Agnès und Gorbio gehören zu den Dörfern, die nicht nur aus Kunsthandwerkläden und Restaurants bestehen, sondern auch noch Wohnungen aufweisen.

Durch das Dorf **Ste-Agnès** hindurch den Wegweisern zum »Château« folgen. Auf dem befestigten Pfad am Friedhof vorbei auf eine Schulter mit Kreuz auf der Südseite des Dorffelsens (bis hierher leicht). Weiter gegen die Burgruine hinauf und zuletzt auf Wegspuren bis zum **Château de Haroun** (766 m), wo sich eine Panoramatafel befindet. Zurück ins Dorf und auf der Promenade Saint-Sébastien zum gleichnamigen Platz (602 m) absteigen; Straßenverzweigung und Bushaltestelle. Westwärts an einem Brunnen vorbei (und auch an der Abzweigung links zum Col de Bausson). Nordwestwärts in der Flanke der Cime de Bausson zum Pas de Piastre und steil hinauf gegen einen Sattel westlich der Cime de Bausson; von rechts münden unterwegs zwei Wege ein. Unterhalb des Ostgrates der Cime de Baudon steigt der Pfad im dichten Wald der Nordflanke an und kommt schließlich zum flachen Gipfel der **Cime de Baudon**. Abstieg über den Westgrat in einen Sattel. In einem langen Zickzack sinkt der Weg in der Südflanke ziemlich steil hinunter und kommt entlang eines Grates in den **Col de la Madone de Gorbio** (925 m). Die Straße überqueren und auf dem Pfad (bei der Verzweigung links halten) durch das Ravin de Rank hinunter nach **Gorbio**; in der Dorfnähe verläuft die Wanderroute teilweise auf betonierten Zubringersträßchen.

4 Von Menton nach Sainte-Agnès

Erste Etappe des *GR 51* »Balcons de la Côte d'Azur«: welch ein Weg!

Menton-Garavan – Plan de Lion – Castellar – Monti – Ste-Agnès

Ausgangspunkt: Menton-Garavan (0 m); erste oder letzte Bahnstation auf französischem Boden der Linie Nizza – Ventimiglia, nur Lokalzüge halten.
Endpunkt: Ste-Agnès (670 m); vgl. Tour 3.
Gehzeiten: Menton-Garavan – Castellar 2½ Std., Castellar – Ste-Agnès 3 Std.; Gesamtgehzeit 5½ Std.
Höhenunterschied: Aufstieg 1280 m, Abstieg 620 m.
Distanz: 15 km.
Anforderungen: Technisch leicht; durchgehend rot-weiß markiert.
Beste Jahreszeit: Immer; im Hochsommer (zu) heiß. Im Februar das Zitronenfest in Menton.
Einkehr und Unterkunft: In Menton: Hôtel Lemon, ℭ 04 93 28 63 63. In Castellar: Hôtel des Alpes ℭ 04 93 35 82 83. In Ste-Agnès: Hôtel Saint-Yves, ℭ 04 93 35 91 45.
Variante: Vom Sattel bei P. 748 m lohnt sich der kurze Abstecher auf einem Pfad zur französisch-italienischen Grenze. Das Schild »Sentier Européen« weist darauf hin, daß der *GR 51* eigentlich die Fortsetzung der *Via Alta dei Monti Liguri* ist; zudem schöner Blick auf die Riviera. Von Menton Gare Routière fährt ein Bus nach Castellar [Compagnie des Transports de la Riviera, ligne 6, www.carfenbus.fr].
Sehenswertes: Der streckenweise genial angelegte Pfad durch eine grüne Landschaft mit Zypressen und Olivenbäumen, mit Zitronen- und Mandarinenbäumen.
Karte: TOP 25: Nice – Menton (3742 OT).
Tipp: Lebensmittelladen in Ste-Agnès tägl. geöffnet, auch So.
Anschlußtouren: 1, 3, 5, 45.

Per pedes hinter der Küste: Novemberstimmung zwischen Castellar und Monti.

Vom Ort mit dem mildesten Klima in Frankreich (jährliche Durchschnittstemperatur 16°C) zum höchstgelegenen Dorf direkt an der Côte d'Azur, und das zu Fuß fast immer auf alten Verbindungswegen: Sonniger könnte der gut 500 km lange Weitwanderweg mit dem verheißungsvollen Namen »Balkone der azurblauen Küste« nicht beginnen.

Von der Bahnstation **Menton-Garavan** gehen wir Richtung Italien die Straße hinab und links unter den Gleisen hindurch. Links sehen wir die erste rot-weiße Markierung: der Beginn der *GR 51* und *52*. Durch kleine Gassen und über Treppen steigen wir durch das Villenviertel von Menton-Garavan hinauf; für ein paar Strecken müssen wir immer wieder mit der Straße vorlieb nehmen, so beim Jardin des Colombières und bei der Unterquerung der stark befahrenen »La Provençale«. Bald danach läßt der *GR* die letzte Erschließungsstraße unter sich und steigt steil die mäßig bewaldeten Sonnenhänge in einen Sattel bei P. 748 hinauf. Dahinter kommen wir auf den Plan de Leuze, den **Plan de Lion** und zur Verzweigung *GR 51* und *52*. Westwärts hinab, zuerst auf einem Pfad, dann auf geschotterten und geteerten Sträßchen, nach **Castellar** (342 m); der kurze Aufstieg ins Dorf (371 m) lohnt sich, um Eis und Brunnenwasser zu holen. Den Weiterweg finden wir bei der Kapelle am Nordfuß des Dorfhügels. Der alte Verbindungsweg quert absteigend ein paar Seitentäler und erreicht schließlich durch ein paar Anwesen hindurch die Brücke (etwa 150 m) über den Careï. In leichtem Auf und Ab, dabei über einen Nebenfluß, in den Weiler **Monti** an der Straße von Menton nach Sospel. An der Kirche vorbei und auf breiten Wegen hinauf auf eine Schulter. Der *GR des Balcons de la Côte d'Azur* folgt dem alten Verbindungsweg, der die abschüssigen Hänge zweier Seitentäler quert, durch das Ruinendorf La Virette geht und unterhalb von Felswänden den Fluß Borrigo überbrückt. Durch aufgelassene agrarwirtschaftliche Gebäude und Terrassen erreicht man die Kreuzung unterhalb des Dorfes und auf einem gepflasterten Weg direkt die Hauptgasse von **Ste-Agnès**.

5 Von Sainte-Agnès über La Turbie nach Èze-Bord-de-Mer

Die Grande Corniche der Wanderer, hoch oberhalb des Fürstentums Monaco

Ste-Agnès – Gorbio – Col de la Coupière – Col du Mont-Gros – Radio Monte-Carlo – Col de Guerre – Mont de la Bataille – La Turbie – Cime de la Forna – Èze – Èze-Bord-de-Mer

Ausgangspunkt: Ste-Agnès (670 m); vgl. Tour 3.
Endpunkt: Èze-Bord-de-Mer (20 m); Lokalzug oder Bus [Lignes d'Azur 100] Richtung Nizza oder Monaco und Menton.
Gehzeiten: Ste-Agnès – Gorbio 1 Std., Gorbio – Sattel beim Mont Gros 1¼ Std., Mont Gros – Col de Guerre 1¼ Std., Col de Guerre – Mont de la Bataille – La Turbie ¾ Std., La Turbie – Cime de la Forna – Aussichtsplattform 1 Std., Abstieg nach Èze-Bord-de-Mer 1¼ Std.; Gesamtgehzeit 6½ Std.
Höhenunterschied: Aufstieg 800 m, Abstieg 1450 m.
Distanz: 18 km (11 km bis La Turbie).
Anforderungen: Leicht und lang, bis Col de Guerre auf dem weiß-roten *GR 51*; dann nur noch teilweise markiert.
Beste Jahreszeit: Immer; im Hochsommer (zu) heiß.
Einkehr und Unterkunft: In Ste-Agnès: vgl. Tour 4. Gorbio: vgl. Tour 3. La Turbie: Hôtel Napoléon, ✆ 04 93 51 62 66; Hostellerie Jérôme, ✆ 04 92 41 51 51.
Variante: Nur bis La Turbie bzw. dort starten. Bus Monaco – La Turbie mit den Nice Excursions (nur Mo bis Sa Mittag; ✆ 04 93 14 10 50). Abstieg von La Turbie nach Monaco: auf dem Chemin romain vers Sotto Baou hinab zur Verzweigung. Rechts auf den Schotterweg, der in einen alten, gepflasterten Saumweg übergeht. Den *chemin des Starras* (Sträßchen) überqueren. Auf Fußweg durch terrassierte Olivenhaine mit ein paar Häusern hinab auf die N7 (beim Restaurant Le Pont). Die Straße überqueren und auf einem Treppenweg (*Chemin Grima*) hinunter nach Monaco. Wo er aufhört, rechtshaltend auf Straßen und Treppenwegen zum *Chemin de la Turbie*. An dessen Ende rechtshaltend auf der Straße zum Bahnhof Monaco. 1 Std.
Sehenswertes: Tiefblick auf das Häusermeer von Monte Carlo und Monaco, auf die italienische und französische Riviera.
Karte: TOP 25: Nice – Menton (3742 OT).
Tipp: Die Trophée des Alpes in La Turbie kann besichtigt werden; offen 9-12 und 14-17 Uhr.
Anschlußtouren: 3, 4, 6, 45.

Ganz autofrei ist diese Höhenwanderung oberhalb der Grande Corniche nicht, aber die Luft ist doch wesentlich besser als auf der von Napoleon erbauten obersten Küstenstraße zwischen Menton und Nizza. Diese folgt teilweise der antiken Via Julia Augusta. In La Turbie kreuzen sich die Routen der Römer, Renaultfahrer und Randonneurs. Und dort steht das Tropäum Alpium, das fast 50 Meter hohe Monument zu Ehren des Kaisers Augustes, in dessen Sockel die Namen der 44 unterworfenen Volksstämme eingemeißelt sind. Ob die Wohntürme des Fürstenturms Monaco mit den Namensschildern von Steuerflüchtigen auch 2000 Jahre alt werden?

Durchs Dorf **Ste-Agnès** hinab auf die Promenade St-Sébastien, von der links (Wegweiser) der *GR 51 des Balcons de la Côte d'Azur* abzweigt. Er sinkt

Ruhe statt Roulette: Ste-Agnès, das höchstgelegene Küstendorf.

durch ein Tal hinab auf die D 22. Auf ihr aufwärts. Kurz vor der Haarnadelkurve zweigt links der Wanderweg nach **Gorbio** (376 m) ab, das man südwärts auf der oberen Straße verläßt (also nicht auf der D 50). Der *GR* umgeht den Friedhof auf Pfaden auf der Nordseite, was aber nicht nötig ist, da er etwas weiter oben ohnehin wieder in die Straße zum **Col de la Coupière** mündet. Südwärts auf einem Fahrweg in der steilen Flanke hoch oberhalb der Baie de Roquebrune gegen den Mont Gros, wo die teilweise neu erstellte Wanderroute den Fahrweg verläßt. Der *GR* umrundet den Mont Gros auf der Südseite spektakulär, doch »erkauft« mit einem spürbaren Zwischenanstieg. Man kann diese Abzweigung aber auch links liegen lassen und auf einem neuen Weg in der Ostseite ansteigen. Beide Routen führen in einen Sattel nordwestlich des Mont Gros (beliebter Startplatz für Delta- und Gleitschirmflieger). Auf einem Sträßchen hinauf auf eine Anhöhe (690 m) und hinunter in den **Col du Mont Gros** (etwa 660 m). Auf einer Teerstraße zum Eingang des Senders von **Radio Monte-Carlo** (P. 785 m). Bald darauf sinkt die Straße zum Col de Guerre ab, den die Wanderer direkt auf einem Pfad erreichen (markierte Abzweigung nicht verpassen!). Vom **Col de Guerre** (550 m) kurz westwärts auf einer Straße, bis links ein Wanderweg zum **Mont de la Bataille** (620 m) abzweigt, von dem man auf einem bequemen Saumweg nach **La Turbie** (479 m) absteigt.

Auf der Grande Corniche D 2564 Richtung Col d'Èze, bis 300 m nach der Abzweigung des Autobahnzubringers rechts eine Stichstraße zu Häusern abzweigt (gelbe Markierungen). Man kommt in den Parc Forestier Départemental de la Grande Corniche und auf einem Pfad auf die Anhöhe hinauf, wo

Blumen statt Beton: Blick vom Mont Gros auf Monte Carlo und Monaco.

dieser in ein Schottersträßchen mündet. Es führt zur **Cime de la Forna** (621 m); der Gipfelsteinmann befindet sich ein paar Meter oberhalb des Sträßchens. Auf ihm, das ursprünglich dem Militär diente, so weit, bis beim zweiten Tunnel rechts ein Weg abzweigt, der in Serpentinen auf den Grat hinaufführt; in wenigen Schritten erreicht man die Panoramatafel auf einem niedrigen Steinturm (etwa 660 m). Westwärts Abstieg auf einem Teil des Sentier botanique hinunter zu einem Parkplatz beim **Maison de la Nature** unterhalb des Fort de la Revère (696 m). Dort findet man einen Wegweiser nach Èze. Im Zickzack auf einem schmalen Pfad hinab, dann nach rechts und bei der Wegverzweigung nach links. Der Pfad geht in ein betoniertes Sträßchen über, das in die Grande Corniche mündet. Ein paar Meter ostwärts, bis man links einen Graspfad findet, der zu einem sehr steilen Betonsträßchen führt; bei der Verzweigung rechts und hinunter auf die Corniche Moyenne, auf der man zur Straßenkreuzung (356 m) von **Èze-Village** aufsteigt.
Auf dem bei Tour 6 beschriebenem Weg hinab nach **Èze-Bord-de-Mer**, wo man ins Mer d'Èze tauchen wird.

6 Èze und Mont Bastide, 560 m

Fast senkrechter Spaziergang zu einem Touristendorf und zu einem Steinwall

Èze-Bord-de-Mer – Sentier Nietzsche – Èze-Village – Mont Bastide – Èze-Bord-de-Mer

Ausgangs- und Endpunkt: Èze-Bord-de-Mer (20 m); vgl. Tour 5. Bus von Nice über Èze-Village nach Monte Carlo [Lignes d'Azur 82, 112] sowie von Gare SNCF Èze nach Èze-Village [Ligne d'Azur 83].
Gehzeiten: Èze-Bord-de-Mer – Èze-Village 1¼ Std., Dorf – Mont Bastide ¾ Std., Abstieg ans Meer 1 Std.; Gesamtgehzeit 3 Std.
Höhenunterschied: 610 m.
Distanz: 5 km.
Anforderungen: Je eine Handvoll Trittsicherheit und Kondition. Markierte Wege.
Beste Jahreszeit: Immer. Am schönsten bei Sonnenaufgang oder -untergang vom Mont Bastide.
Einkehr: Zahlreiche Restaurants in Èze.
Unterkunft: In Èze selbst nur Luxushotels. L'Hermitage du Col d'Èze, ✆ 04 93 41 00 68. Panta Rei in Èze-Bord-de-Mer, ✆ 04 93 01 51 46. Camping Les Romarins an der Grande Corniche westlich des Col d'Èze, ✆ 04 93 01 81 64.
Variante: Vom Bahnhof Èze mit dem Lokalzug nach Cap d'Ail und dort den *sentier du littoral* zum gleichnamigen Kap und zur Plage Marquet machen; 30 Min.
Sehenswertes: Les trois Corniches, die drei Küstenstraßen: nicht mal die Cabriolet-Besitzer sehen mehr.
Karte: TOP 25: Nice – Menton (3742 OT).
Tipp: Badekleidung für die Bucht von Èze mitnehmen. Der gebührenpflichtige Jardin exotique in Èze ist von Juni – Mitte Oktober von 8-20 Uhr und Mitte Oktober – Mai von 9-17 Uhr geöffnet.
Anschlußtouren: 5, 45.

Zu Fuß ins Dorf Èze, in dem abends betuchte Bewohner und Touristen der Côte mit dem Porsche oder Ferrari einfahren. Das von den Phöniziern gegründete und der Göttin Isis geweihte village perché: eine Trutzburg des Tourismus, vollgestopft mit schicken Läden, völlig überrannt von Gästen, aber halt traumhaft oberhalb der traumhaften Küste gelegen. Wer auf den Mont Bastide steigt, genießt vielleicht den besten Blick auf Èze. Oben auf diesem unbekannten Berg sitzen wir alleine auf den Mauerresten einer Burg aus vorrömischer Zeit und bewundern gratis die Aussicht. Hier sollte man eine Villa bauen dürfen...

Vom Bahnhof in **Èze-Bord-de-Mer** ein paar Schritte hinauf auf die Corniche Inférieure. Auf ihr ein paar Minuten Richtung Monaco, bis links der rot markierte *Sentier Frédéric Nietzsche* Richtung Èze-Village abzweigt. Er steigt zwischen Villen, dann zwischen Felsabstürzen ins Vallon du Duc hinüber und durch dieses Tal direkt in den alten Dorfteil von **Èze-Village** (427 m). Nach dem Dorfbummel hinunter zur Straßenkreuzung (356 m) im neuen Dorfteil. Auf der Corniche Moyenne geht man auf der rechten Seite über ein Viadukt. Am Ende desselben beginnt der *Sentier du Mont Bastide*. Er führt nach einer anfänglichen Schlaufe oberhalb der Straße (etwas ausgesetzt, aber mit einem Traumblick auf Èze) meistens auf der Rückseite des Berges hoch (leicht überwachsen) und erst zuletzt über den Ostgrat auf den Gipfel des **Mont Bastide**.

Auf einem guten Pfad hinab zur obersten Küstenstraße, der Grande Corniche, die westlich des Col d'Èze erreicht wird. Bevor man auf die Straße kommt, beginnt der gelb markierte *Chemin de Caricart* (Wegweiser). Auf diesem Pfad durch ein Tal hinab zur Corniche Moyenne. Diese überqueren und auf dem gelb markierten *Chemin de Savaric* hinab direkt zum Gare von **Èze-Bord-de-Mer**. Der Weg ist zuletzt betoniert und steil. Nach den ersten Häusern aufpassen, daß man links die Treppen nicht verpaßt.

Feine Adresse: Èze, das teuerste aller villages perchés an der noblen Küste. Wer hier übernachten will, sollte nicht zu Fuß kommen.

7 Halbinsel des Cap Ferrat

Auf dem Sentier touristique rund um den Garten Eden

Beaulieu-sur-Mer – Saint-Jean-Cap-Ferrat – Pointe de St-Hospice – Cap Ferrat – Villa et Jardins Ephrussi de Rothschild – Beaulieu-sur-Mer

Ausgangs- und Endpunkt: Beaulieu-sur-Mer (0 m) an der Bahn- und Buslinie Nizza – Menton. Bus von Nizza zum Hafen von St-Jean-Cap-Ferrat [Lignes d'Azur 81].
Gehzeiten: 3-4 Std.
Höhenunterschied: Rund 100 m.
Distanz: 13 km (Rundtour ab St-Jean-Cap-Ferrat 3 km kürzer).
Anforderungen: Turnschuhe; kaum markiert, aber gut zu finden.
Beste Jahreszeit: Immer.
Einkehr: Verschiedene Restaurants; Paloma Beach, Le Grand Bleu an der Plage de Passable und Villa Ephrussi de Rothschild.
Unterkunft: In St-Jean-Cap-Ferrat: Bagatelle, ✆ 04 93 01 32 86; L'Oursin, ✆ 04 93 76 04 65.
Sehenswertes: Die luxuriösesten Villen der Côte (fast alle nur von außen). Die sieben Gärten der Villa Ephrussi de Rothschild.
Karte: TOP 25: Nice – Menton (3742 OT)
Tipp: Villa Kérylos: ganzjährig geöffnet, im Winterhalbjahr nur nachmittags, ✆ 04 93 01 01 44. Musée Fondation Ephrussi de Rothschild (Villa und Gärten), Mitte Feb. bis Ende Okt. tägl. 10-18 Uhr, sonst 14-18 Uhr, ✆ 04 93 01 33 09. Mehr zu den Villen und ihren Bewohnern im Bildband von S. Johnston und R. Schezen »Villen der Reviera«.

Die Halbinsel der ganz Reichen: die schönsten Villen, Bäume und Blumen, und auch die schönste Lage. Von wo sonst genießt man sozusagen einen Blick von außen auf die Côte d'Azur als von einigen Stellen der Presqu'île du Cap Ferrat – und natürlich von den Traumyachten, die im Hafen des umfunktionierten Fischerdorfes Saint-Jean-Cap-Ferrat anzulegen pflegen. Cap Ferrat: ein Paradies für diejenigen, die dort einen Wohnsitz haben, und für die anderen, die meerseits auf dem *sentier touristique* daran vorbeispazieren.

Vom Bahnhof **Beaulieu-sur-Mer** geht man hinab auf die Hauptstraße, den Boulevard Maréchal Leclerc. Kurz nach der Bahnunterführung rechts in die wenig befahrene Rue du Lieutenant Colonelli wechseln, die zum Jachthafen

Luxusküste: Klippenweg auf der Westseite des Cap Ferrat. Die Sonne kostet nichts.

führt, der schräg gegenüber dem Casino liegt. Linker Hand erreicht man in wenigen Schritten den Zugang zur **Villa Kérylos**. Nun alles auf der Seepromenade bis **St-Jean-Cap-Ferrat**; sobald als möglich links hinunter zum Strand und zum Hafen steigen. Bevor es links auf die Mole hinausgeht, steigt man rechts hinauf auf die Straße und folgt ihr bis zur Plage Paloma. Auf den Treppen zum Restaurant hinunter, das man quert. Auf einem betonierten Uferweg umrundet man die **Pointe de St-Hospice**; unterwegs Abzweigung zur Chapelle St-Hospice. Zuletzt auf einem Waldweg zu einer Straße; auf ihr an den Badebuchten Les Fossettes und Les Fosses vorbei; bei der Kreuzung hält man sich links. Man kommt zu einer Barriere, wo man weitergeht. Wieder auf dem Uferweg (zuerst betoniert) um das **Cap Ferrat** herum. Der Uferweg auf der Westseite der Halbinsel hört beim großen Appartementhaus »Le Lido« auf; dahinter steigt man zur Plage de Passable hinunter. Auf einer Treppe hinauf, geradeaus weiter auf einem Fußweg, dann zu einer Kreuzung; auf dem *Chemin de Passable* gelangt man zur Hauptstraße (mit Bushaltestelle Passable). Auf der Straße nordwärts zur Zufahrt zur **Fondation Ephrussi de Rothschild** (60 m). Nach dem Besuch der Villa und der Gärten zurück zur Hauptstraße, gleich scharf links halten und dann rechts in die Allée de Tilleul einbiegen. Hinab zum Meer und auf der Promenade nordwärts nach **Beaulieu-sur-Mer** oder südwärts nach **St-Jean-Cap-Ferrat**.

8 Cime de Roccassièra, 1501 m

Ein Dorf, eine Dorfruine, ein Gipfel und ein Hotel: unvergeßlich

Coaraze – Col St-Michel – Ruines de Rocca-Sparvièra – Cime de Roccassièra – Coaraze

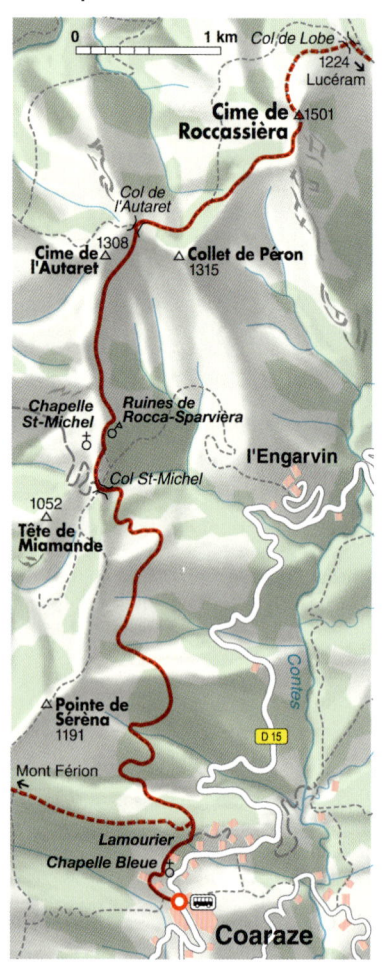

Ausgangs- und Endpunkt: Coaraze (640 m) an der D 15 im Tal von Contes nördlich von Nizza. Bus von Nice Vauban [Lignes d'Azur 303]; gute Busverbindungen bis Contes, wo einem die Leute der Auberge du Soleil abholen kommen (eine Nacht in diesem Hotel empfiehlt sich sowieso).
Gehzeiten: Aufstieg 3½ Std., Abstieg 2½ Std.; Gesamtgehzeit 6 Std.
Höhenunterschied: Rund 900 m.
Distanz: 16 km.
Anforderungen: Teilweise schmale Pfade, die Trittsicherheit verlangen. Blau/gelb oder nur gelb markiert.
Beste Jahreszeit: Mai bis Oktober.
Einkehr und Unterkunft: Auberge du Soleil in Coaraze, ☏ 04 93 79 08 11.
Variante: Vom Gipfel in 3 Std. über die Pässe Lobe, Porte und St-Roch, größtenteils auf dem *GR 510*, nach Lucéram (604 m); Hôtel La Méditerranée, ☏ 04 93 79 51 93. Bus nach Nizza [TAM 340, 360].
Sehenswertes: Die verwinkelten Gassen und die Sonnenuhren von Coaraze. Die zerfallenen Häuser und die terrassierten Hänge von Rocca-Sparvièra. Die Aussicht aufs Pays niçois vom zweithöchsten Gipfel dieses Führers. Der Blick vom Lavendelzimmer der »Auberge du Soleil«.
Karte: TOP 25: Vallée de la Bévéra (3741 ET).
Tipp: Der kleine, gute Führer mit 30 Wanderungen ab Coaraze ist im Verkehrsbüro erhältlich. Geführte Wanderungen mit der Vereinigung A.P.A.C.H.E.S., ☏ 04 93 79 33 34.
Anschlußtour: 9; am empfehlenswertesten mit dem Aufstieg auf den Mont Férion (1412 m) und dann über seinen 7 km langen Südgrat bis in den Col de Châteauneuf-de-Contes (für eine Beschreibung siehe im Coaraze-Wanderführer).

Coaraze, das sich fast zuhinterst im Tal des Paillon de Contes versteckt, gilt als eines der schönsten Dörfer von Frankreich. Das alleine ist schon ein Grund, von Nizza mit dem Bus hinzufahren. Aber dann wartet da noch diese Wanderung auf uralten Pfaden durch abschüssige Hänge voll Ginster und Kiefern zur Cime de Roccassièra oberhalb der Gorges de Vésubie. Auf etwa halbem Weg hoch oben auf einem Sporn stehen die Ruinen eines Dorfes, in dem einst 500 Leute (soviel wie heute in Coaraze) inmitten einer kargen Landschaft wohnten. Ein Erdbeben setzte 1618 diesem Leben in den Bergen ein Ende. Der Blick auf die (überbaute) Küste fasziniert noch immer.

Vom Dorfplatz in **Coaraze** geht man westwärts links an der Bar »Les Arts« vorbei und folgt dem Sträßchen zur blauen Kapelle. Kurz danach links in einen Schotterweg einbiegen, der auf eine Rippe hochführt.

Mehr als ein Weg: Fußgänger-Verbindung von magischen Orten im Hochland von Nizza.

Nun beginnt die lange, ansteigende Querung zum Col St-Michel durch eine von Rücken und Gräben unterteilte, steile und leicht bewaldete Ostflanke. Der Weg ist schmal und stellenweise ausgesetzt, insbesondere zwischen dem ersten und zweiten Graben sowie vor dem Col St-Michel; zu Beginn und vor dem Paß sinkt er jeweils kurz ab. Vom **Col St-Michel** (etwa 960 m) westlich unterhalb eines Felsturmes hindurch und in Serpentinen durch die jähe Flanke zur Chapelle St-Michel. Durch die **Ruinen von Rocca-Sparvièra** hindurch und weiter nordwärts leicht ansteigend oberhalb von terrassierten Hängen, dann über Terrassen selbst zum Plateau und Col de l'Autaret. Der Pfad zur Cime de Roccassièra zweigt rechts ab, quert einen bewaldeten Hang und folgt einem Grat, teilweise im Wald, zum Gipfelaufbau. Der Pfad zickzackt steil hinauf. Ein paar Meter unterhalb des Gipfelgrates zweigt rechts eine Pfadspur zum Südgipfel (1494 m) ab, von dem man einen besseren Blick nach Coaraze hat. Zurück zum Hauptweg und über ein paar Felshöcker (Gebrauch der Hände nötig) bis zum Kulminationspunkt des Gipfelgrates der **Cime de Roccassièra** (auch Rocca Serra genannt). Abstieg wie Aufstieg.

9 Mont Macaron, 806 m

Dornröschen 9 km hinter der Engelsbucht von Nizza

Tourrette-Levens – Col und Ruines de Châteauneuf – Mont Macaron – Col de Bordinas – Tourrette-Levens

Ausgangs- und Endpunkt: Tourrette-Levens (etwa 400 m) an der D 19 nördlich von Nizza; genaugenommen der neue Ortsteil Le Plan (etwa 360 m) bei der Abzweigung der D 719 nach Aspremont. Bus von Nice [Lignes d'Azur 89].
Gehzeiten: Tourrette-Levens – Ruines de Châteauneuf 1¼ Std., Ruinen – Mont Macaron ¾ Std., Gipfel – Col de Bordinas ½ Std., Rückkehr ins Dorf 1 Std.; Gesamtgehzeit 3½ Std.
Höhenunterschied: 660 m.
Distanz: 11 km.
Anforderungen: Durchgehend mit gelben Pfeilen und Punkten und teilweise auch rot-weiß (GR 51) markiert.
Beste Jahreszeit: Immer.
Einkehr: In Tourrette-Levens.
Unterkunft: In Tourrette-Levens: Auberge Chez Lucien, ✆ 04 93 91 52 51. In Aspremont: vgl. Tour 10.
Variante: In Cantaron (99 m) an der Bahnlinie Nizza-Sospel und an der Buslinie nach Contes (vgl. Tour 8) starten; in 1 Std. erreicht man auf dem GR 51 den Col de Bordinas (475 m); vgl. Tour 45.
Sehenswertes: Die märchenhaften Ruinen von Châteauneuf: ein auf einem römischen Kastell (Castellum Novum) erbautes Bergdorf, halb zerfallen, fast ganz überwachsen.
Karte: TOP 25: Nice – Menton (3742 OT).

Tipp: Schmetterlingsmuseum im Schloß im alten Dorfteil von Tourrette-Levens, offen Sommer 14-19 Uhr, Winter 14-17 Uhr.
Anschlußtouren: 10: von Tourrette-Levens auf dem GR 51 nach Aspremont; 45 Min. zur Abzweigung des Weges zum Mont Chauve. 45.

Der Mont Macaron ist einer der wenigen Gipfel an der Küste bei Nizza, der nicht überbaut ist: kein Fort, keine Antenne, kein Dorf – nur ein verfallener Mauerring. Ähnlich die Rundwanderung: Man wandert kaum auf Teerstraßen, sondern erlebt Strecken, auf denen man sich vollständig im Grünen bewegt – keine Villen, keine Straßen, nur Ginster und Kiefern, und beim Aufstieg nach Tourrette-Levens Oliven- und Feigenbäume auf terrassierten Hängen, durch die der gepflasterte Saumweg verläuft. Noch sehens- und begehenswerter ist der *chemin pavé* vom Rio Sec in den Col de Châteauneuf.

Aus neu mach alt: Die mittelalterlichen Ruinen von Castellum Novum.

Von der Kreuzung in **Le Plan** (Bushaltestelle an der Straße nach Aspremont) geht man auf der D 19 Richtung Levens und nach dem zweiten Haus rechts hinab auf zuerst noch betoniertem Weg zum Rio Sec. Nach der Brücke (333 m) beginnt der gepflasterte Saumweg durch den Kiefernwald. Im »Villenviertel« La Vignasse verliert er sich vorübergehend, vor dem **Col de Châteauneuf** (626 m) geht er endgültig in Zufahrtsstraßen zu Häusern unter. Vom Paß südwärts auf dem Wanderweg oberhalb der Straße zu den **Ruinen von Châteauneuf**, deren östlicher Teil erreicht wird. Nach links und auf ausgetretenen Pfaden durchs ausgestorbene Dorf (750 m). Zurück und geradeaus zur Chapelle St-Joseph (709 m). Nun auf dem Weg (und nicht auf dem Sträßchen) entlang dem Nordgrat auf den **Mont Macaron**, zuerst rechts des Grates, dann links und schließlich lange rechts. Wo der Weg wieder den Grat erreicht, steigt man auf einem Pfad direkt auf den Gipfel.
Auf dem Kamm zum Südgipfel (797 m), südwestwärts hinab in einen Sattel und in einigen Serpentinen durch Südhänge hinunter in den **Col de Bordinas** oder Baisse de Rougier (475 m). Hier stößt man auf den *GR 51*. Westwärts kurz einer Waldstraße folgen, dann auf einem Pfad in ein Tal hinab und zuerst auf der linken, später auf der rechten Seite in den Weiler Tra la Torre (254 m). Nach der Brücke über den Rio Sec auf einem *chemin pavé* hinauf nach **Tourrette-Levens**: beim Dorfeingang geradeaus durch die Gasse zur Kirche oder nach links zu einem Parkplatz und zum Schloß (443 m). Zuletzt auf der Dorfstraße zurück nach **Le Plan**.

10 Mont Chauve d'Aspremont, 853 m

Über den Dächern von Nizza

Aspremont – Baisse de Guigo – Mont Chauve d'Aspremont – Aspremont

Ausgangs- und Endpunkt: Aspremont (499 m) nördlich von Nizza, an der Kreuzung der D 14, D 414 und D 719, Bus von Nice [Lignes d'Azur 62].
Gehzeiten: Aufstieg 1½ Std., Abstieg 1 Std.; Gesamtgehzeit 2½ Std.
Höhenunterschied: knapp 400 m.
Distanz: 7 km.
Anforderungen: Etwas Mut für den Festungsgraben. Der Pfad über den Osthang ist nicht sehr ausgetreten; gelb, teilweise rot-weiß (GR 51 und 5) markiert.
Beste Jahreszeit: Immer.

Einkehr und Unterkunft: Hostellerie d'Aspremont, ✆ 04 93 08 00 05.
Variante: Abstieg auf dem letzten Abschnitt des *GR 5* hinunter in die Stadt zur Place Alexandre Médecin und geradeaus weiter zum Bahnhof; 8 km, 2 Std.
Sehenswertes: Die wichtigste Stadt der Côte d'Azur aus der Vogelperspektive.
Karte: TOP 25: Nice – Menton (3472 OT).
Tipp: Der Mont Chauve de Tourrette ist nicht zugänglich; das Fort wird vom französischen Zoll als Schießgelände gebraucht.
Anschlußtouren: 9, 45.

Die Wanderung auf und um den kahlen Mont Chauve (chauve = kahl, deshalb der Name) ist eine gute Einführung ins Wandern in den Bergen der Côte d'Azur. Die Art der Wege, die Markierungen, die Vegetation, die Aussicht, die terrassierten Hänge (sogenannte restanques), die aufgelassenen landwirtschaftlichen Kulturen, die militärischen Verbauungen.

Von der Straßenkreuzung in **Aspremont** geht man ein kurzes Stück auf der Straße Richtung Nizza. Nach Passieren der Einfahrt zu Parkplatz und Bushaltestelle zweigen rechts die rot-weiß markierten *GR 51* und *GR 5* in den *Chemin de la Vallière* ab; hinunter zu einer Haarnadelkurve der Straße nach Nizza. Ostwärts auf Sträßchen und Weg ansteigen. Der *GR 5* zweigt nach rechts ab (auf ihm kommt man zurück). Auf dem *GR 51* bis in einen Sattel, wo man ihn auf einer Zufahrt zu einem Bauernhaus verläßt. Der Wanderweg steigt rechts daran vorbei im lichten Wald aufwärts. Vor der weitläufigen **Baisse de Guigo** zweigt die gelb markierte Route rechts in einen schmalen Pfad ein. Er zieht schräg

Grabenpromenade: Oben das Fort, durch dessen Festungsgraben man einst gehen konnte. Heute ist der Zugang leider versperrt.

aufwärts in ein verstecktes Tälchen am Osthang des Mont Chauve d'Aspremont. Der immer gelb markierte Pfad steigt durch den Osthang auf den Nordrücken hoch. Auf diesem zur Festung, deren Dimension und Gräben erst im letzten Moment ersichtlich werden. An der Festung in unwegsamen Gelände vorbei zur Aussichtsterrasse am äußeren Festungsring des **Mont Chauve d'Aspremont**.
Auf der Zufahrtstraße hinunter; bevor diese zur Baisse de Guigo hinüberzieht, biegt man scharf rechts ab. Auf breitem Weg westwärts zum *GR 5*. Er führt in der Westflanke des Mont Chauve, an Ruinen von Landwirtschaftsgebäuden vorbei, zurück zur Aufstiegsroute von **Aspremont**.

Haut Pays Grassois: steinerne Wogen

»Welch eine Landschaft aber die von Gorges du Loup! Felsen, Abgründe, Wasserfälle, die wie breite Silberfälle herunterhängen, frei herunterstürzen, bis sie, sich teilend, mit großem Gepolter weiter fließen ins Tal.« Schön, in die Natur zu lauschen und gleichzeitig Kultur zu lesen. »Das Buch von der Riviera« nannten Erika und Klaus Mann ihren gediegen anderen Reiseführer zur Côte d'Azur aus dem Jahro 1931. Sie machten ihren großen Ausflug ins Hinterland von Cannes mit dem Auto. Wir hingegen sind zu Fuß unterwegs und haben mehr Muße, ihre Beschreibung der Schlucht des Loup weiterzuverfolgen. »Oben, an höchster Stelle, liegt Gourdon, der Gipfel des Ausflugs in jedem Sinne. Das ist eine Wildheit, eine Kühnheit der Landschaft, das Rötlich-Gelblich-Grau der riesigen Felsen hat nichts als das tiefe Blau des Himmels zur Gesellschaft und das Schwarz der Schatten in den Klüften.«

Das Bergdorf Gourdon (Tour 15) liegt an der Schnittstelle von Hoch- und Tiefland. Hinten die Kargheit des Hochlandes der Parfummetropole Grasse, vorne das üppige hügelige Hinterland der Filmhauptstadt Cannes, stark überbaut und zum Wandern nicht geeignet.

Die Gorges du Loup: ein Messerschnitt im Gebirge hinter der Küste, es zweiteilend in das Haut Pays Grassois und das Haut Pays Vençois. Das Hochland von Vence: Wie riesige Schiffskiele überragen seine vier vordersten Gipfel, die Baous, die Stadt Vence und seine Nachbardörfer, die fast alle als Wohnsitze von Künstlern berühmt geworden sind. Aber auch die vier gut auf Wanderungen erreichbaren Eckpfeiler, die Baous de St-Jeannet und de la Gaude (Tour 11) sowie die Baous des Blancs und des Noirs oberhalb von Vence sind Teil des Kalkgebirges zwischen den Flüssen Var und Siagne.

In diesem Gebirge dehnen sich karstige Hochplateaus aus, die ihrerseits von parallel verlaufenden Gebirgsketten unterteilt werden. Sie erinnern an riesige erstarrte Wellen. Der rauhe Untergrund hielt die Menschen nicht ab, auch dort ein Auskommen zu finden. Wer über die Kämme und Hochebenen geht, wird den steinernen Spuren der Bergbauern der Côte d'Azur immer wieder begegnen. Zum Beispiel ihren Häusern draußen im Feld.

Zwei Arten von Steinkonstruktionen sind zu unterscheiden. Die Hirtenhäuser und -unterstände wurden rechteckig gebaut, mit behauenen, meist großen Ecksteinen und mit Mauerwerk aus unregelmäßigen, kleineren Steinen, die durch Mörtel zusammengehalten werden. Gedeckt wurden diese Häuser, die oft auch als Wohnstätten dienten, mit Leinwand.

Im Gegensatz dazu stehen die Rundbauten mit Trockensteinmauern, Iglus aus Kalksteinen. In Apulien nennt man diese archaischen Kuppelbauten mit dicken Grundmauern und einer schmalen Öffnung »trulli«, in der Provence »bories«. Eine Borie ist ein Unterstand für die Hirten sowie für den Ackerbauern, der darin seine Geräte lagert(e). In der Nähe eines solchen Steinstalls befindet sich häufig ein steinerner Pferch für die Schafe.

En vogue: Eingang zur Borie bei Cipières, kunstvolles Zeugnis der einst weitverbreiteten Berglandwirtschaft der Côte d'Azur.

Beide Gebäudetypen finden sich im Col de la Femme Morte; die dortige Borie gehört zu den bemerkenswertesten Gebäuden im Hinterland der Côte d'Azur, erreichbar nur zu Fuß auf mehrstündigen Märschen (Tour 16). Am Südfuß der Montagne du Cheiron finden sich im Umkreis von 25 km^2 400 steinerne Zeugen einer vergangenen Epoche, als die Dörfer noch auf sich selbst gestellt waren und es drunten an der Küste noch keine Leclerc, Casino, Géant und wie die Supermarchés alle heißen, gab. Der Circuit de Cipières (Tour 14) zeigt diese Welt des Haut Pays Grassois.

Typisch für die Bergketten in den Préalpes de Grasse, wie das Hinterland auch bezeichnet wird, ist ihre Ost-West-Ausrichtung, am schönsten erlebbar auf der Überschreitung der Montagne du Cheiron (1778 m). Auf der Nordseite des höchsten Gipfels in diesem Führer (Tour 13) grüne Schafmatten und brutale Skipisten, auf der Südseite nicht mehr gebrauchte Terrassierungen. Zwei Arten, mit den Ressourcen eines Berges umzugehen: eine ästhetisch, die andere nicht, eine nachhaltig, die andere nicht. Eine Art ist entbehrungsreich, all diese Mauern, sogenannte restanques, in der von der Sonne versengten Südflanke zu errichten; die andere mit den Schneisen und Schneekanonen ist nur auf schnellen Profit bedacht.

Und trotzdem macht es Spaß, dort und noch weiter südlich skizufahren. »Panorama unique – vue sur la Côte d'Azur« verspricht eine Tafel bei der Bergstation des längsten Skiliftes des Skigebietes von l'Audibergue. Ein paar Minuten zu Fuß auf den höchsten Punkt (1642 m) dieses Berges im Haut Pays Grassois aufsteigen, und man hat nur noch Hügel vor sich und dann das Meer, 27 km entfernt. Die erste (oder letzte) Woge des Alpenbogens, aufgeworfen aus Kalkgestein. L'Audibergue, das südlichste Skigebiet der Alpen, liegt direkt oberhalb der Route Napoléon, der berühmtesten Straße Frankreichs neben den Champs-Elysées. Wo die Route Napoléon am besten erhalten geblieben ist, marschieren wir bergwärts (Tour 17).

11 Baou de Saint-Jeannet, 800 m

Der Kletterberg par excellence ist auch ein exzellenter Wandergipfel

St-Jeannet – Baou de St-Jeannet – Château Le Castellet – St-Jeannet

Ausgangs- und Endpunkt: St-Jeannet (425 m) nordöstlich von Vence. Verschiedene Buslinien: Von St-Laurent Gare SNCF [Ligne d'Azur 55] und von Vence [Lignes d'Azur 47].
Gehzeiten: Aufstieg zum Gipfel 1¼ Std., Weiterweg zum Gut 1 Std., Abstieg 1¼ Std.; Gesamtgehzeit 3½ Std.
Höhenunterschied: Rund 500 m.
Distanz: 9,5 km.
Anforderungen: Trittsicherheit; rot-weiß (GR) und gelb markiert; auf der Hochebene ist der Weg nicht ganz leicht zu finden.
Beste Jahreszeit: Immer.
Einkehr: Le Chante Grill mit italienisch-provençalischer Küche (So abend/Mo geschl.)
Unterkunft: In St-Jeannet: Auberge des Baous, ✆ 04 93 58 98 05; Sainte Barbe, ✆ 04 93 24 94 38; Gîte La Ferrage, ✆ 04 93 24 87 11. Camping à la Ferme D.G. Rasse am Chemin des Sausses unterhalb des Baou de la Gaude, ✆ 04 93 24 87 11: inmitten von Weinbergen, unter Olivenbäumen und neben Zypressen, mit Blick auf die Baous – schöner kann man kaum wohnen.
Variante: Baou de la Gaude (796 m): Eine starke Tour ergibt sich, wenn man beim Camping à la Ferme startet, auf der Straße 700 m gegen Gattières geht, mit dem *GR 51* Höhe gewinnt, auf einem Pfad nordwestwärts weiter ansteigt, La Colle (842 m) auf der Westseite umgeht, danach le Gros Chêne, eine der ältesten Eichen Frankreichs, bewundert (liegt etwas unterhalb des Weges) und zum Gipfel mit dem ligurischen Festungsring weiterwandert; um den Tiefblick zu genießen, muß man allerdings noch weglos bis ganz zuvorderst des Baou de la Gaude gehen. Schließlich steigt man auf dem Wanderweg in das Vallon de Parriau zur Route des Baou de St-Jeannet ab, 2 Std.
Sehenswertes: Die Marina Baie de Anges zwischen Cros-de-Cagnes und Antibes: vier riesige, geschwungene Gebäudekomplexe in Pyramidenform mit Ferienwohnungen – die urbane Antwort von 1970 auf die vier Baous im Haut Pays Vençois.
Karte: TOP 25: Vallée de l'Esteron (3643 ET).
Tipp: Im Laden Le Vieux Four in St-Jeannet finden Kletterer alles (Infos, Topos, Matos), ✆ 06 74 58 49 21.
Anschlußtour: 45.

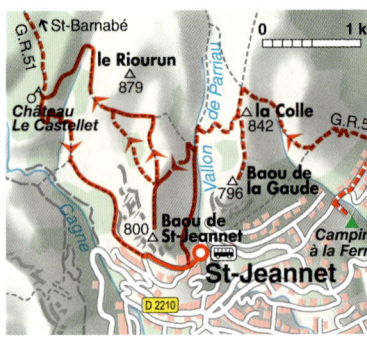

Der Baou de St-Jeannet ist nicht nur der höchste der vier Baous, sondern auch der schönste und berühmteste. Senkrecht steht er mit seinen 200 Meter hohen Wänden über dem hübschen Dorf St-Jeannet. Mehr als 200 Routen haben die Kletterer da hinein gelegt; der Berg gilt als die Wiege des Klettersports von Nizza. An seinem Fuß gedeiht ein Wein mit Charakter, den man im Dorf kaufen kann. Er verleiht einem Picknick bei dem aus dem Jahre 1309

Einsamer Kletterkünstler: Begegnung auf dem Baou de la Gaude.

stammenden Schloßgut Le Castellet eine besondere Note; diese riesige Ruine vorne an der Kante des Haut Pays Vençois gehört zu den unvergeßlichen Bauten der Côte d'Azur.

Vom Parkplatz unterhalb des Dorfes hinauf in den alten Dorfteil von **St-Jeannet**. Man folgt durch die Gassen den Wegweisern zum Baou St-Jeannet und biegt schließlich in den *Chemin de Baou*, durch den auch der *GR 51* verläuft. Der gute Weg steigt durch das Vallon de Parriau zwischen Baou St-Jeannet und Baou de la Gaude an. Noch im Tal, bei Wegweiser 4, verläßt man den *GR 51* nach links und steigt südlich der Kuppe La Roque auf den Gipfelgrat. Südwärts auf einem Pfad, der sich im Karstgelände verliert, auf dem Kamm nach vorn zum Gipfel des **Baou de St-Jeannet** (Panoramatafel). Auf dem gleichen Weg zurück bis zum Wegweiser 5: Nicht rechts hinab, sondern geradeaus weiter über die gewellte Hochebene bis zum *GR 51* (Wegweiser 6). Eine andere Route ist ebenfalls möglich; wir wählen bei der Verzweigung 5 den linken, selten gelb markierten Weg, der halbwegs durch eine Senke führt, zu einer in einem Wäldchen versteckten Borie kommt und schließlich als Wegspur durch das karstige Gelände nordwärts den *GR 51* erreicht. Auf diesem westwärts und durch die Combe Maougaride nach vorne zum **Château Le Castellet** (ohne Namen auf der IGN-Karte); der *GR 51* zieht kurz vorher weg. Auf dem gelb markierten Weg hinab ins Tal der Cagne und unterhalb der Wände des Baou de St-Jeannet zurück ins Dorf **St-Jeannet**.

12 Pic de Courmettes, 1248 m – Puy de Tourrettes, 1268 m

Der Blick aufs Meer, so nah und so fern

Tourrettes-sur-Loup – Pic de Courmettes – Puy de Tourrettes – Hochebene und Weiler St-Barnabé – Combe de Maigré – Tourrettes-sur-Loup

Ausgangs- und Endpunkt: Tourrettes-sur-Loup (401 m) an der D 2210 zwischen Grasse und Vence. Bus von Grasse über Pont du Loup [Lignes d'Azur 510, 511].
Gehzeiten: Aufstieg auf den Pic de Gourmettes 3 Std., Weiterweg zum Puy de Tourrettes ½ Std., Abstieg nach St-Barnabé 1½ Std., Rückweg nach Tourrettes-sur-Loup 2¾ Std.; Gesamtgehzeit knapp 8 Std.
Höhenunterschied: 1000 m.
Distanz: 19 km.
Anforderungen: Wer sich in den Altstadtgassen von Tourrettes-sur-Loup nicht zurechtfindet und dabei auch den Überblick über die schicken Boutiquen verliert, sollte diese tour de force nicht machen. Bei Nebel schwierige Orientierung ab Pic de Gourmettes bis *GR 51*. Teilweise und sehr unterschiedlich (rot-weiß, Farbklecks, Steinmänner) markiert.
Beste Jahreszeit: Immer; im Hochsommer (zu) heiß.
Einkehr: Prächtiger Dorfbrunnen in Tourrettes-sur-Loup.
Unterkunft: In Tourrettes-sur-Loup: Hôtel Les Belles Terrasses, ✆ 04 93 59 30 03; Camping La Camassade, ✆ 04 93 59 31 54.
In Courmes: Auberge La Cascade, ✆ 04 93 09 65 85. In Vence: Auberge de Seigneurs, ✆ 04 93 58 04 24; Hôtel La Roserai, ✆ 04 93 58 02 20; Camping Domaine de la Bergerie, ✆ 04 93 58 09 36. In Le-Bar-sur-Loup: vgl. Tour 15.
Variante: Die Gipfeltour vom hübschen Dorf Courmes (623 m) aus machen. Vom Puy de Tourrettes über den Nordostgrat direkt zu P. 973 m oberhalb der Combe de Maigré absteigen. Ausgangs derselben trifft man beim Wegweiser 69 auf den Weg nach Vence; man kann auch dort starten.
Sehenswertes: Ruinen: die Sarazenerburg oberhalb Tourrettes-sur-Loup, die aus dem gleichen Material erbaut wurde wie die namenlose bäuerliche Siedlung am Nordwestgrat des Puy de Tourettes.
Karte: TOP 25: Cannes – Grasse (3643 ET).
Tipp: Von P. 948 m, wo man den *GR 51* erreicht, kann man nach rechts gehen und kommt nach landwirtschaftlichen Gebäuden und nach einer zerfallenen Hirtenhütte zum sogenannten »village nègre«, zu einer Ansammlung von Karstgebilden, die an afrikanische Statuen erinnern.
Anschlußtouren: 13, 45.

Alles, was das Hochland von Vence bietet: einzigartige Aussichtspunkte – vom Pic de Courmettes sind es nur 13 km Luftlinie bis zur Küste –; unterschiedlichste Wege vom Villenstraßchen über den *GR des Balcons de la Côte d'Azur* bis zu steinigen Pfaden durch die mediterrane Vegetation; der Kontrast zwischen dem touristischen Vorland und der abgelegenen Karsthochebene von St-Barnabé, die manchmal an eine Steinwüste erinnert und dann doch wieder überraschend grün ist; der Abstieg durch die sonnenerhitzte Combe de Maigré mit ihren restanques, ihren durch Trok-

Überlebenskunst: Trockensteinmauern in der trockenen Combe de Maigré.

kensteinmauern abgesetzten Ackerterrassen, zum eiskalten Bach Le Malvan Rou.

Vom Hauptplatz in **Tourrettes-sur-Loup** nordwestwärts zum Maison de la Presse und zur Chapelle St-Jean. Weiter auf der Route de St-Jean, eine Rechtskurve nicht verpassend, bis zur hintersten Villa, »Le Paradis« genannt. Der Wanderweg geht rechts daran vorbei und steigt durchs Ginsterdickicht und durch Wald auf eine Schulter; er ist zuerst schmal, nach Einmündung anderer Wege breit. Zuletzt an einem Haus mit Antennen vorbei auf ein Sträßchen und nach links zu einem Wegweiser. Dieser gibt für den Pic de Courmettes eine Route an, die über die Domaine de Courmettes und den Westgrat auf den Gipfel führt. Direkter ist aber diese Route: Vom Wegweiser auf breitem Weg nordwärts über einen grasigen Rücken zur Ruine des Jas de l'Éouvière. Weiter auf nun meist steinigen Wegen direkt hochsteigen. Drei Meter bevor der Weg nach links absinkt, kommt man zu einem Steinmann. Er markiert den Beginn von steinigen Pfaden, die durch den Wald immer nord-

Vegetationswechsel: Ein Meer von Farn oberhalb von Tourrettes-sur-Loup.

wärts bis an den Waldrand hochführen (die topogr. Karte zeigt die Route falsch an). Nun weglos in nordwestlicher Richtung über karstige Hänge (Steinmänner) zum Triangulationssignal des **Pic de Courmettes**. Auf einer Pfadspur, meistens etwas rechts des Gratverlaufs, hinüber auf den **Puy de Tourrettes**, dessen höchster Punkt sich irgendwo auf dem grasigen Gipfelplateau befindet. Der Sattel zwischen den beiden Gipfeln ist 1114 m hoch. Auf einer Pfadspur über den breiten Nordwestgrat (Steinmänner) zu Ruinen bäuerlicher Gebäude und auf einem Weg hinunter zum *GR 51*. Auf ihm, die Abzweigung beim Wegweiser 86 von **La Baisse** nicht verpassend, über das Plateau St-Barnabé zur Siedlung **St-Barnabé** (967 m).

Man folgt der Zufahrtsstraße einen Kilometer lang und wechselt dann auf einen breiten Fahrweg, der südostwärts in die **Combe de Maigré** führt. Durch diese Mulde hinab, zuerst auf einem Schotterweg, dann auf dem schmalen Weg auf der linken Talseite. Ausgangs des Tales verläßt man den *GR 51* und steigt rechts hinab zum Wegweiser 69. Nochmals rechts hinüber zum eiskalten Le Malvan Rau. Durch Ginsterlandschaft zur **Chapelle St-Raphaël**, die nicht besichtigt werden muß. Danach im Wald auf einem immer besseren Weg und oberhalb an einem Wasserreservoir vorbei zu den Überresten einer sarazenischen Festung. Auf einer Teerstraße durchs Villenviertel erreicht man die Hauptstraße am östlichen Dorfrand. Nun nicht die Straßenbrücke benützen, sondern diese auf einem Fußgängersteig unterschreiten. Auf einem ruhigen Sträßchen zurück auf die Place de la Libération von **Tourrettes-sur-Loup**.

13 Montagne du Cheiron, 1778 m

Höhepunkt und Gratwanderung zwischen dem Alpinen und dem Mediterranen

Coursegoules – La Croix de Verse – Jérusalem – Sommet des Crêtes – Cime du Cheiron – Gréolières

Ausgangspunkt: Coursegoules (1035 m) nördlich des Col de Vence an der D 2; kein Bus, aber Taxi von Gréolières, ✆ 06 09 52 35 45 oder 06 92 37 92 97.
Endpunkt: Gréolières (839 m) an der D 2 und D 79 fast zuoberst am Lauf des Loup. Bus (selten) von Grasse [TAD 512, ✆ 08 00 06 01 06].
Gehzeiten: Coursegoules – Col de Coursegoules 1½ Std., Paß – Jérusalem 2 Std., Weiterweg zur Cime de Cheiron ½ Std., Abstieg nach Gréolières 2 Std.; Gesamtgehzeit 6 Std.
Höhenunterschied: Aufstieg gut 800 m, Abstieg gut 1000 m.
Distanz: 13 km.
Anforderungen: Die knapp 8 km lange Ost-West-Überschreitung ist meist weglos; Gespür für die richtige Route ist also nötig, obwohl bei guter Sicht kaum zu verfehlen. Zudem stehen auf den Erhebungen des Gipfelgrates überall Masten. Bei Nebel wird's hingegen mühsam; man hält sich am besten an den Rand der gewaltigen Südflanke. Sehr früh starten (Hitze, Quellwolken, Gewitter).
Beste Jahreszeit: Mai bis November. Im Winter und Frühling läuft auf den Nordhängen des Cheiron das zweitsüdlichste Skikarussell der Alpen: Gréolières-les-Neiges.
Einkehr und Unterkunft: In Coursegoules: Auberge de l'Escaou, ✆ 04 93 59 11 28; Zeltplatz unten im Dorf. In Gréolières: Hôtel La Vieille Auberge, ✆ 04 93 59 95 07; Hotel le Grand Rocher, ✆ 04 93 60 02 70.
Variante: Von Gréolières gibt es zwei Fußwege zurück nach Coursegoules; der eine verläuft teilweise in der baumlosen Südflanke, der andere durch bewaldete Täler.
Sehenswertes: Im Norden die Argentera (3287 m), der höchste Gipfel der Seealpen. Im Westen die Provence. Im Süden Korsika und fast die gesamte Côte d'Azur. Dazu in der Nähe die alpine Flora.
Karte: TOP 25: Vallée de l'Estéron (3642 ET).
Tipp: Geführte Wanderungen sowie andere sportliche Ausflüge mit Préalpes 06 in Gréolières, ✆ 04 93 59 98 81.
Anschlußtouren: 14: 1 Std. von Cipières nach Gréolières. 12: 5 km vom Wegweiser 86 auf La Baisse bis Coursegoules.

Montagne de Cheiron: eine 1000 Meter hohe und leicht konkave Mauer, quergestellt über dem Tal des Loup. Angelpunkte sind Gréolières und Coursegoules, zwei dieser eng ineinander gebauten Dörfer in den Bergen. Vom Dorf auf dem alten Alpweg in einen Paß hoch und auf dem Grat auf den Ostgipfel Jérusalem. Beim Übergang zum Westgipfel Cime de Cheiron die häßlichen Zeugen einer modernen touristischen Entwicklung und beim Abstieg ins andere Dorf wieder Natur und verschwundene Bergbauernkultur (vgl. Foto mit Steinpferch).

Beim Wegweiser 13 östlich der Kirche zuoberst auf dem Hügel von **Coursegoules** beginnt der Weg. Er sinkt zuerst zu einem Bach ab und zieht dann schräg über terrassierte Hänge in nordwestlicher Richtung zur **Chapelle St-Michel** (12. Jh.).

400 m nach der Kapelle, beim Wegweiser 147, beginnt der gleichmäßige Aufstieg über 22 Serpentinen in den westlichen **Col de Coursegoules** (etwa 1410 m); Wegweiser 146. Nun über den fast 4 km langen Ostgrat auf **Jérusalem** (1768 m), den Ostgipfel der Montagne du Cheiron; zwei deutliche Erhebungen im Ostgrat, P. 1536 m und La Croix de Verse (1706 m), werden überschritten. Wegen der undeutlichen, spärlich mit gelben Markierungen und Steinmännern markierten Pfadspur bleibt man am besten auf dem Kamm oder etwas rechts davon.

Vom Jérusalem auf der Nordseite um die nächste Erhebung des Gipfelgrates herum zum **Sommet des Crêtes** (1766 m), der ebenfalls überbaut ist; er kann überschritten oder umgangen werden. Nun wieder auf Pfadspuren hinab in eine Senke und hinauf auf die überbaute **Cime de Cheiron** (1778 m), den höchsten Gipfel der Montagne du Cheiron (Panoramatafel).

Nun nicht auf der Piste absteigen, sondern über den Westgrat, der anfänglich etwas nach Süden verläuft. Man geht über verschiedene Kuppen, häufig etwas rechts der Gratverlaufs, in eine Senke mit Ruinen von Hütten. Nordwärts um P. 1564 m herum und durch das Tälchen nördlich des Kammverlaufs auf zusehends besserem Weg hinab zum *GR 4* und zum Wegweiser 194 im **Col de Gréolières**. Im Zweifelsfalle, zum Beispiel bei schlechter Sicht, steigt man von der Cime de Cheiron einfach durch Mulden westwärts ab, bis man auf den *GR 4* stößt. Vom Paß sinkt der Weg in unzähligen Serpentinen, zuletzt links an den Ruinen von Hautes Gréolières und an der Chapelle Ste-Pétronille vorbei, ins Dorf **Gréolières**.

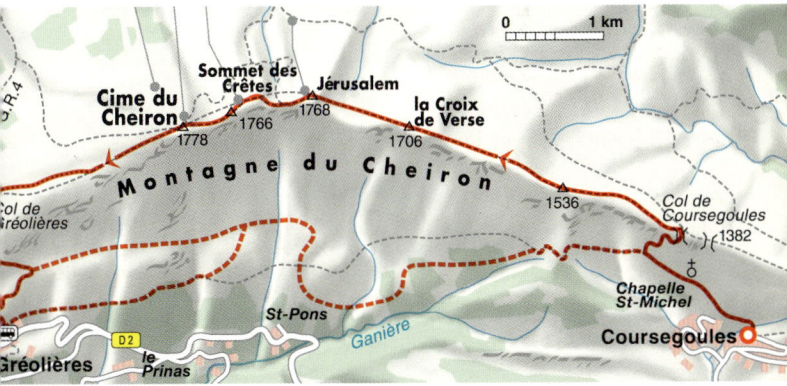

14 Circuit de Cipières

Kein Blick aufs Meers, dafür auf ein Meer von Steinen in grüner Landschaft

Cipières – Le Plan – Borie von Les Graus de Pons – Cipières

Ausgangs- und Endpunkt: Cipières (744 m) an der D 603 südlich von Gréolières und der Montagne de Cheiron. Bus (selten!) von Grasse [Lignes d'Azur 512].
Gehzeiten: 3 Std.
Höhenunterschied: 250 m.
Distanz: 10 km.
Anforderungen: Keine; gelb markiert.
Beste Jahreszeit: Im Hochsommer (zu) heiß, im Winter evtl. Schnee.
Einkehr: In Cipières.
Unterkunft: Château de Cipières; Luxusherberge in das Dorf beherrschenden Schloss aus dem 13.-18. Jh., ✆ 04 93 59 98 00. In Gréolières; vgl. Tour 13.
Variante: Vom Wegweiser 162 südwärts hinauf in einen Sattel und westwärts weglos auf den gegen Süden steil abfallenden Gipfel Colle de Rougiès (1334 m). Weiter westwärts zum Observatoire du C.E.R.G.A. (Centre d'études et de recherches géodynamiques et astronomique), das sich am Rande des Plateau de Calern befindet; Besichtigung des 1974 gegründeten Forschungszentrums möglich; Juli und August tägl. nach 14.30 Uhr, sonst auf Anfrage, ✆ 04 93 40 54 54; www.obs-nice.fr. Der GR 4 verläuft durch die Karsthochfläche von Calern zurück nach Cipières; 5 Std., 16 km, 600 m insgesamt.
Sehenswertes: Landwirtschaft, handgemacht und meerabgewandt.
Karte: TOP 25: Vallée de l'Estéron (3642 ET).
Tipp: Die Smaragdeidechsen am Wegrand sind nicht giftig.
Anschlußtour: Über den GR 4 von Cipières in 1 Std. nach Gréolières und auf die Montagne du Cheiron; vgl. Tour 13.

Eine kurze Wanderung in einer höchst eindrücklichen Kulturlandschaft am Rande der Karsthochebene von Calern, mit Blick auf die 1000 Meter hohe Südwand der Montagne du Cheiron. Die erste Hälfte des Rundkurses verdient höchstens einen Stern, doch der Rückweg von der Borie, dem runden

Archaischer Bau: Der Steiniglu bei Cipières erinnert an eine vergangene Epoche.

Steinbau, ins kompakte Dorf von Cipières ist schlicht sensationell – gerade in seiner Schlichtheit. Der rauhe und steinige Boden bot keine günstigen landwirtschaftlichen Voraussetzungen, weshalb die Bauern die Steine sammelten und aufschichteten, um Raum für die Felder zu schaffen. Tausende und Abertausende Steine wurden in die Hand genommen und an den richtigen Platz gesetzt; clapier nennt man diese künstlichen Steinhügel. Auf dem alten Weg wandern heute Touristen der Côte d'Azur quer hindurch und staunen darüber, daß man früher eine Landschaft in vollständiger Harmonie mit der Natur gestalten konnte.

Vom großen Dorfplatz von **Cipières** südwärts auf die D 603; auf dieser Straße, an der Chapelle Saint-Claude vorbei, 1,5 km weit bis in die Haarnadelkurve (P. 729 m), wo der Wegweiser 164 steht. Ein geteertes Anstößersträßchen führt in südlicher Richtung auf **Le Plan** hinauf. Bei der Wegverzweigung nach rechts. Der breite Weg kurvt über die kleine Hochebene (962 m) und geht dann lange geradeaus. Wo er wieder nach links hält, geht man auf Pfad geradeaus zum Wegweiser 161 von **Les Graus de Pons**. Nun auf Pfadspur durch Wäldchen 100 m hinab, zuletzt linkshaltend zur Borie.

Wieder hinauf zum Wegweiser und nordwärts durch die steinige Kulturlandschaft nach **Cipières**, wobei man vor dem Dorf auf den *GR 4* stößt. Allerdings läßt man ihn am Dorfrand rechts liegen, um auf einem Teersträßchen direkt in den Dorfkern mit den engen Gassen zu gelangen.

15 Gourdon

Auf paradiesischen Wegen in die touristische Hoch-Burg der Loup-Schlucht

Le Bar-sur-Loup – Chemin du Paradis – Gourdon – Le Bar-sur-Loup

Talort: Grasse (338 m); Zug und Busse von Cannes Gare SNCF [Lignes d'Azur 600, 610].
Ausgangs- und Endpunkt: Le Bar-sur-Loup (289 m) an der D 2210 von Grasse nach Vence. Bus von Grasse [Lignes d'Azur 511]. Von Grasse fährt auch ein Bus nach Gourdon [Lignes d'Azur 512].
Gehzeiten: Aufstieg 1¾ Std, Abstieg 2¼ Std.; Gesamtgehzeit 4 Std.
Höhenunterschied: 420 m.
Distanz: 9 km.
Anforderungen: Wem in Gourdon der Einkaufsbummel durch die Boutiquen mit Parfum, Kunsthandwerk, Schmuck, Wein und Honig zu wenig schweißtreibend ist. Unbedingt Taschenlampe für die erfrischenden Tunnels der Wasserleitung. Markiert.
Beste Jahreszeit: Der *Chemin du Paradis* gleicht im Sommer zur Mittagszeit eher einem Weg durchs Fegefeuer.
Einkehr: Le Nid d'Aigle in Gourdon: Die Sitzplätze oben auf den Türmen gehören zum besten, was die ganze Côte d'Azur diesbezüglich bieten kann.
Unterkunft: In Le Bar-sur-Loup: Hôtel Thébaïde, ✆ 04 93 42 41 19; Hostellerie du Château, ✆ 04 93 42 41 10; Camping Les Gorges du Loup mit terrassierten Hängen unter Olivenbäumen, Schwimmbad und großer Dokumentation zum Wandern, ✆ 04 93 42 45 06, www.lesgorgesduloup.com.
Variante: Nordwärts auf dem *GR 51* entlang dem Aqueduc du Foulon durch die eigentliche Gorges du Loup gehen, am schönsten bis Courmes (vgl. Touren 12, 45); 3 Std.
Sehenswertes: Der Brunnen beim Aqueduc du Foulon und derjenige in Gourdon neben der Waschhalle, die kühl, schattig und kaum besucht ist.
Karte: TOP 25: Cannes – Grasse (3643 ET).
Tipp: Château von Gourdon mit historischem Museum, Museum für naive Malerei und einem Park des Versailles-Designers Le Nôtre, offen Juni – September 11-13 und 14-19 Uhr, sonst 14-18 Uhr; Di geschl. Großes Sommersonnwendfest, la Fête de St-Jean, in Le Bar-sur-Loup.
Und: Die Gorges du Loup ist auch ein Kletterparadies; alles weitere bei »Escalade sur les Rives du Loup«.
Anschlußtouren: 16, 45.

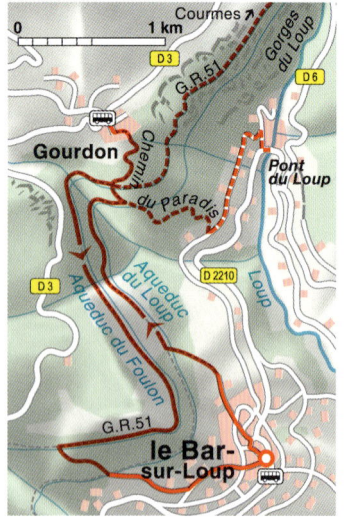

Zu Fuß in eines der berühmten villages perchés gehen, der scheinbar unzugänglichen Dörfer auf einer Anhöhe. Gourdon, das den Ausgang der Schlucht des Loup bewacht, wird heute regelmäßig von Touristen erobert.

Die Aussicht, ein Souvenir an einem charaktervollen Ort zu erstehen, verlockt so sehr wie das Panorama von diesem Balkon hinter der azurblauen Küste. Kein Wunder, daß wir hier auch dem *GR des Balcons de la Côte d'Azur* begegnen. Er verläuft entlang der Wasserleitung von Foulon. Sie wurde 1923 gebaut, um die Blumenfelder von Grasse zu bewässern, auf denen Essenzen für die Parfumherstellung gewonnen werden. Die Produkte riechen wir in Gourdon, die Fabrikation hören wir beim Rückweg nach Le Bar-sur-Loup, wenn wir oberhalb einer Fabrik vorbeigehen.

Von der Hauptstraße in **Le Bar-sur-Loup** (Bushaltestelle, Parkplätze) durch die Rue de la Salpetrière und durch enge, teils überdeckte Gassen hinauf zur Kirche und zum Verkehrsbüro. Rechts am Maison de Ville vorbei und auf einer Straße leicht abwärts, dann links zum Friedhof (rot-weiß-blaue Pfeile am Bo-

Licht und Schatten: Blick von Gourdon über Le Nid d'Aigle auf die Kurven des Chemin du Paradis.

den). Man kommt zur Chapelle St-Claude. Gleich danach die geteerte Straße nach links verlassen (Wegweiser Gourdon) und auf steinigem Weg steil hinauf zum Weg entlang der nicht sichtbaren Wasserleitung des Loup (**Aqueduc du Loup**). Man folgt ihr bis zur Kreuzung mit dem **Chemin du Paradis**, der von Pont du Loup heraufkommt. Hinauf zum *GR 51* und zum **Aqueduc du Foulon**, der großen und sichtbaren Wasserleitung (Röhre); Brunnen mit Trinkwasser.

Der *Paradiesweg* schraubt sich gleichmäßig steigend im steilen Gelände nach **Gourdon** (760 m) hoch. Durchs Dorf nach vorne zur Aussichtsterrasse. Abstieg wie Aufstieg zur **Wasserleitung von Foulon**. An ihr entlang talauswärts, wobei mehrere Tunnels durchschritten werden. Oberhalb von Le Bar-sur-Loup geht die Wasserleitung um einen Vorsprung herum. Knapp 1 km danach, wo der *GR 51* die Wasserleitung rechts verläßt (Tour 16), biegt man links auf einen Waldweg ein. Auf ihm, dann auf seiner geteerten Fortsetzung schräg hinab zur Chapelle St-Michel. Durch die Rue St-Michel ins Dorf **Le Bar-sur-Loup**, das man bei der Gendarmerie erreicht. Durch die Altstadt hinunter auf die große Straße.

16 Haut Montet, 1335 m – Colle du Maçon, 1417 m

Ein sehr abwechslungsreicher Gang durch Geschichte und Gegenwart

Le Bar-sur-Loup – Vallon de la Combe – Plateau de la Malle – Col de la Femme Morte – Le Haut Montet – Col de la Femme Morte – Colle du Maçon – Col du Ferrier – St-Vallier-de-Thiey

Ausgangspunkt: Le Bar-sur-Loup (289 m); vgl. Tour 15.
Endpunkt: St-Vallier-de-Thiey (713 m); vgl. Tour 17.
Gehzeiten: Le-Bar-sur-Loup – Steinbruch/ D 3 1¼ Std., Aufstieg zum Col de la Femme Morte 2¾ Std., Abstecher auf Le Haut Montet 1½-2 Std., Aufstieg auf die Colle du Maçon ¾ Std., Abstieg nach St-Vallier 2 Std.; Gesamtgehzeit rund 8½ Std.
Höhenunterschied: Aufstieg rund 1200 m, Abstieg rund 800 m.
Distanz: 24 km.
Anforderungen: Kräftige Lunge und Beine, stabile Fußgelenke, ein gutes Auge für die richtige Route, starke Nerven (beim Queren des Steinbruchs). Bei schlechter Sicht schwierige Orientierung auf dem weitläufigen Westrücken des Haut Montet. Teilweise weglos, nur teilweise mit Farbstreifen und Steinmännern markiert.
Beste Jahreszeit: Frühling und Herbst.
Einkehr und Unterkunft: In Le Bar-sur-Loup: vgl. Tour 15. In St-Vallier: vgl. Tour 17.
Variante: Vom Steinbruch weiter auf dem *GR 51* bis zu einer Straßenkreuzung nach einer Kartbahn und nordwestwärts ansteigen. Oder von Grasse auf dem *GR 4* auf das Plateau de la Malle.
Sehenswertes: Der weite Horizont über den Karsthochebenen und das Gewölbe im kühlen Steiniglu auf dem Paß der toten Frau.
Karte: TOP 25: Cannes – Grasse (3643 ET), Haute Siagne (3543 ET).
Tipp: Genügend Flüssigkeit mitnehmen
Anschlußtouren: 15, 17.

Gehen, weit gehen, auf unterschiedlichstem Terrain: durch die steinerne Altstadt von Le Bar-sur-Loup, über die Wasserleitung von Foulon, durch den staubigen Steinbruch, im düsteren Eichenwald des Vallon de la Combe, auf der plötzlich gesperrten Zufahrtsstraße zum Château La Malle, weglos am breiten Rande des ausgedehnten Plateau de Caussols, auf dem Hirtenpfad auf die Colle du Maçon, durchs Ginstergestrüpp ihrer Sonnenflanke, auf dem befestigten Saumweg und auf der Steinbrücke unterhalb des Col du Ferrier, am Schluß auf der Route Napoléon. Vive l'aventure!

Von **Le Bar-sur-Loup** auf der bei Tour 15 beschriebenen Route bis zur Wasserleitung von Foulon und zum *GR 51*. Auf dem *GR 51* hinauf auf die D 3 (625 m). Die Straße zum Steinbruch überqueren und hinein ins Werkgelände. Auf der breiten Piste links eines ausgetrockneten Baches leicht ansteigen. Die Hauptpiste überquert diesen und steigt etwas stärker an. In der Haarnadelkurve geht man geradeaus über die Böschung und findet (hoffentlich) einen undeutlichen Pfad. Er führt taleinwärts der Flanke entlang (gemauerter Untergrund, Trockensteinmauer). Man kommt zu einer Brücke mit Metallträgern und teilweise verrotteten Holzbrettern; trotzdem hinübergehen. Auf dem guten Pfad südlich des Baches durch den Eichenwald des **Vallon de la Combe** ansteigen. Oben kommt man auf einen breiten Weg, den

Chemin du Pilon de la Malle. Auf ihm durch Feld und Wald (teilweise schöner Fichtenwald) auf ein geteertes Sträßchen, welches das **Plateau de la Malle** überquert. Von links biegt der *GR 4* ein. Auf der geteerten Straße bis zur Einfahrt in die Domaine de la Malle, aber bitte nicht hineingehen! Auf dem Sträßchen weiter; wo es nach rechts zu Häusern abbiegt, wird der *GR 4* zum teilweise überwachsenen Fußweg. Er führt in den **Col de la Femme Morte** oder **Col du Clapier** (1257 m) hinauf; links befindet sich die große Borie. Ostwärts, an der Hüttenruine vorbei, auf gelb markiertem Pfad und teilweise im Wald, auf die Kuppe P. 1310 m. Nun meist weglos in grasig-karstigem, welligem Gelände mit einzelnen Bäumen, an Dolinen vorbei, ostwärts auf **Le Haut Montet**; zuletzt auf einem Schotterweg auf den Gipfel, auf dem eine ballonartige Antennenanlage steht. Auf dem gleichen Weg zurück in den **Paß der toten Frau**. Auf dem gelb markierten Pfad über den Ostgrat, entlang dem privaten Grundstück des Schloßes Malle, auf den **Colle du Maçon**; vor dem Gipfel kommt man an Ruinen vorbei.

Vom Gipfel über den Nordwestgrat bis auf eine Verflachung (etwa 1370 m). Über die ziemlich steile Südwestflanke hinab (Gebüsch und Steine), und zwar links von Felsbändern und rechts eines Waldes. Nachdem man tiefer als die Felsbänder ist, steigt man in südöstlicher Richtung gegen das viereckige Haus mit Flachdach ab, auf Pfadspuren durch verbuschtes Terrain mit einzelnen Bäumen. Vor dem Haus kommt man zu einer Quelle. Unterhalb des Hauses stößt man auf einen Feldweg; auf ihm hinab zu einem kleineren Haus bei Wegkreuzung. Nach rechts und auf breitem Weg, an einer privaten Borie vorbei, in den **Col du Ferier** (1039 m). Etwas oberhalb der Straße links auf den alten Weg einbiegen, der auf der linken Talseite abwärts führt. Er kreuzt die Autostraße dort, wo diese auf die gleiche Seite wechselt. Der Wanderweg sinkt gegen ein neues Villenviertel hinab und erreicht durch den *Chemin d'Entrevaux* die Route Napoléon. Auf ihr nach **St-Vallier-de-Thiey** marschieren; das Brunnenhaus befindet sich bei der Abzweigung der Straße nach St-Cézaire-sur-Siagne.

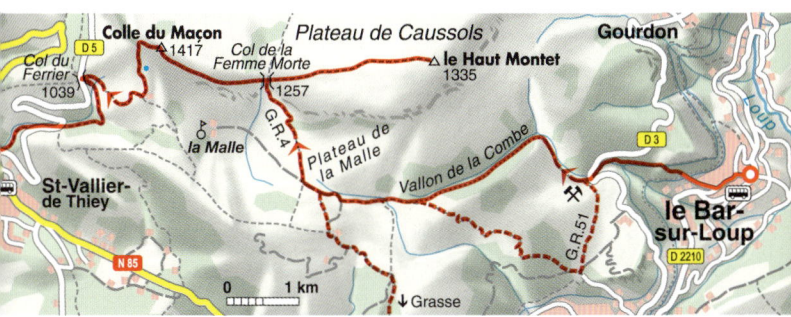

17 Die alte Route Napoléon

Auf dem am besten erhaltenen Abschnitt des kaiserlichen Weges

St-Vallier-de-Thiey – Le Vieux Pont/Siagne – Escragnolles

Ausgangspunkt: St-Vallier-de-Thiey (713 m), das erste Dorf nach Grasse an der N 85, der Route Napoléon. Bus von Grasse [Linie 40, Fahrpläne unter www.saintvallierdethiey.com, unter Infos Pratiques].
Endpunkt: Escragnolles (1039 m) liegt 17 km nordwestlich von St-Vallier. Bus von Grasse über St-Vallier nach St-Auban [Linie 40, Mo bis Sa Morgen- und Abendkurs; So und Feiertage keine Kurse]. Parkplatz mit Imbißstube in Escragnolles La Colette; evtl. mit Autostopp auf der heutigen Route Napoléon zurück nach St-Vallier.
Gehzeit: 3 Std.
Höhenunterschied: Aufstieg knapp 500 m, Abstieg gut 150 m.
Distanz: 10 km.
Anforderungen: Leichtes Marschieren.

Beste Jahreszeit: Anfang März.
Einkehr: Die Grand Pré von St-Vallier ist ein beliebter Ort zum Picknicken.
Unterkunft: In St-Vallier-de-Thiey: Relais Impérial an der Route Napoléon, ✆ 04 92 60 36 36; Camping Parc des Arboins, ✆ 04 93 42 63 89.
Variante: Via Grotte de Baume Obscure: Den Schildern folgend auf Straßen zur Tropfsteinhöhle; offen von Ostern bis 30. September tägl. 10-18 Uhr, ✆ 04 93 42 61 63. Auf meist betonierten Wegen zum Eingang (geführte Höhlentour). Auf gelb markierten Pfaden hinab in ein ausgetrocknetes Bachbett; ihm entlang mal rechts, mal links. Bevor sich die Talmulde deutlich zu senken beginnt, links zu gutem, gelb markiertem Weg. Auf ihm zum *GR 510*. Nordwärts entlang einer Wasserleitung zum Sträßchen, das sich zum Pont Vieux absenkt.
Sehenswertes: Historisches Pflaster.
Karte: TOP 25: Haute Siagne (3543 ET).
Tipp: Das Buch »Vivre l'autentique Route Napoléon« von Camille Bartoli (Éditions TAC Motifs, 1994) zeigt genau, wo Napoleon durchging. Wer sich führen lassen will: Randonnée historique sur les traces de Napoléon et ses hussards; 1. Halbtag von St-Vallier nach Escragnolles, 2. Halbtag von Escragnolles bis Séranon; bei Préalpes 06 in 06630 Gréolières, ✆ 04 93 59 98 81.
Anschlußtouren: 16; 18 (auf dem *GR 510* nach St-Cézaire-sur-Siagne).

Historische Spuren: Am 2. März 1815 nachmittags zog Napoléon links aufwärts.

Als die berühmteste Landstraße Frankreichs gilt die 331 km lange Route Napoléon von Golfe-Juan über Cannes, Grasse, Castellane, Digne, Sisteron und Gap nach Grenoble. Am 1. März 1815 landete Napoléon bei der Rückkehr aus der Verbannung auf Elba mit seinen Getreuen in Golfe-Juan bei Cannes. Am nächsten Tag begann der Marsch über die Alpen. Am 7. März zog er unter »Es lebe der Kaiser!«-Rufen in Grenoble ein, in Paris folgte die Herrschaft der 100 Tage. Die heutige Straße ist nicht überall identisch mit der Strecke, wo Napoléon wirklich durchging. Insbesondere zwischen St-Vallier-de-Thiey und Escragnolles verläuft die alte Route Napoléon auf der gegenüberliegenden Seite des schluchtähnlichen Tales, das die Siagne durchfließt. Und genau an der gefährlichsten Stelle ist der geschichtliche Weg mit den Trockensteinmauern, den Randsteinen und der Pflasterung auf einem langen Abschnitt erhalten geblieben. Vorwärts marsch!

Auf der Höhe der großen Wiese in **St-Vallier-de-Thiey**, 100 m nördlich der Abzweigung der Straße nach St-Cézaire, beginnt das Teersträßchen, das sich westwärts, unterhalb der Chapelle Ste-Luce vorbei, in leichtem Auf und Ab am Rand der Siagne-Schlucht hinzieht und dann in diese hinuntersinkt; von links mündet der *GR 510* ein. Bei der Verzweigung bleibt man links, kommt zur Chapelle St-Jean und darauf zum **Vieux Pont** (589 m). Auf dem Zubringersträßchen zum Bauerngut Léchen, wo man links endlich auf den kaiserlichen Weg in seiner ursprünglichen Fassung kommt. Am besten ist er unter- und oberhalb der zerfallenen Chapelle St-Martin erhalten. Man erreicht **Escragnolles**; will man zum großen Parkplatz an der neuen Route Napoléon, so steigt man gleich hoch. Um zur Bushaltestelle zu gelangen, bleibt man noch auf einem Weg unterhalb der Autostraße und steigt dann auf einem Teersträßchen ins Dorf.

18 Gorges de la Siagne

Baden abseits des Meeres, im Fluß unter einer mittelalterlichen Brücke

Pont de la Siagne – Chapelle St-Saturnin – Pont des Tuves in der Siagne-Schlucht – St-Cézaire-sur-Siagne

Talort: Grasse (338 m). Busse ab Cannes und Nizza.
Ausgangspunkt: Pont de la Siagne (110 m) an der D 2562 von Grasse nach Draguignan. Bus von Grasse Gare Routière, ℂ 04 93 36 37 37; www.sillages.eu.
Endpunkt: St-Cézaire-sur Siagne (477 m) am Ostrand des Siagne-Schlucht; D 13 von Grasse, D 5 von St-Vallier-de-Thiey. Bus nach Grasse Gare Routière.
Gehzeiten: Pont de la Siagne – Pont des Tuves 2 Std., Aufstieg nach St-Cézaire 1 Std.; Gesamtgehzeit 3 Std.
Höhenunterschied: Aufstieg knapp 500 m, Abstieg rund 100 m.
Distanz: 6 km.
Anforderungen: Zu steinig und steil für reine Strandläufer; gelb, teilweise rot-weiß markiert.
Beste Jahreszeit: Immer; am schönsten im Sommer für ein Bad.
Einkehr: In Pont de la Siagne.

Unterkunft: In St-Cézaire: Chambres d'hôtes. Camping El Perdido, ℂ 04 93 60 20 76.
Variante: Start in St-Cézaire-sur-Siagne: Entweder hin und zurück zur Tuffbrücke, oder schöner folgende Rundtouren machen: 1) Vom Pont des Tuves auf einem gelb markierten Pfad westlich des Flußes bis zu einer Steinbrücke und in terrassierten Hängen, den Canal de la Siagne wieder querend, zurück ins Dorf; 3 Std. 2) Von St-Cézaire auf einem der anderen markierten Wege Richtung Pont de la Siagne oder auch nur zur Chapelle St-Saturnin.
Sehenswertes: Alte Wege, Olivenhaine in jähen Hängen, südliche Hitze.
Karte: TOP 25: Haute Siagne (3543 ET).
Tipp: Beim machbaren Weg vom Pont des Tuves auf dem rechten Ufer flußabwärts nach Pont de la Siagne stößt man leider am Schluß auf Privatweg (auf eigene Verantwortung).
Anschlußtour: 17.

Alles stimmt: Worauf man geht, was man sieht, was man riecht. Und dann taucht man in den grünen Fluß, den die aus Tuffgestein erbaute Brücke elegant und unvermutet überspannt. Einheit von Natur und Kultur, die sich auch auf dem Weg ins Dorf findet, das am Schluchtrand klebt.

Gleich gegenüber der Bushaltestelle in **Pont de la Siagne**, etwas oberhalb der Brücke und des Restaurants, beginnt der markierte Wanderweg; Wegweiser mit den drei verschiedenen Routen nach St-Cézaire. Auf einem Sträßchen, auf einem Pfad und dann wieder auf einem Sträßchen steigt man an Häusern vorbei schluchteinwärts. Nach der Brücke über einen Bach sich rechts halten, ein paar Serpentinen aufwärts gehen und bei der nächsten Verzweigung sich wieder rechts halten. Gleich danach zweigen rechts zwei Wege nach St-Cézaire ab, einer über La Valmoura, der andere über Bergeris. Wir bleiben auf dem dritten, rot-weiß markierten Weg (*GR 510*), steigen kurz ab und gehen flach zum schönen Brunnenhaus. Weiter eher flach im Wald,

Süßwasser: Die Siagne trennt die Meer-Départements Alpes-Maritimes und Var.

an Ruinen vorbei, zu einer Verzweigung. Links hinab zur **Chapelle St-Saturnin**. Zurück zur Verzweigung und schluchteinwärts auf dem Weg zu einem Wasserkanal (etwa 240 m); er dient der Wasserversorgung von Grasse und Cannes.

Der markierte Weg überquert den Kanal und steigt schräg an, unterwegs eine abgerutschte Stelle auf einer Holzbrücke querend. Er kommt zu einer Verzweigung (P. 281 m); der Wegweiser weist links zur Pont des Tuves. So kommt man zum Wasserkanal zurück. Es scheint auch möglich, ihm zu folgen und so den schweißtreibenden Umweg zu vermeiden. Nun hinunter zur Siagne und flußaufwärts zum **Pont des Tuves** (165 m). Zurück zum Wegweiser bei P. 281 m und auf dem Weg durch die Terrassierungen mit den Olivenbäumen hinauf nach **St-Cézaire-sur-Siagne**; man erreicht das Dorf zwischen Friedhof und Kirche. Etwas nördlich des Dorfes befindet sich ein Aussichtspunkt am Schluchtrand.

Im Land der Sonne: Der Canal de la Siagne führt Wasser nach Grasse und Cannes.

Estérel: rote Klippen

»Die lange, rote Küste fällt ins blaue Meer, das violett erscheint. Sie ist sonderbar, zerissen und hübsch, mit unzähligen Spitzen und Buchten, mit eigenwilligen und reizenden Felsen, die zu tausend Phantasien verhelfen. Auf den Flanken des bewunderten Gebirges wachsen Föhrenwälder bis unter die Granitspitzen, die an Schlößer, an Städte und an steinerne Heere erinnern, welche einander verfolgen. Und das Meer ist so klar an seinem Fuß, daß man an einigen Stellen bis zum sandigen Grund und ganz hinab zu den Pflanzen sieht.« So beschreibt Guy de Maupassant die Estérel-Küste zwischen Cannes und St-Raphaël in seinem erfrischenden Reisebericht »Sur l'eau« (»Auf See«) von 1888 über einen Segeltörn an der Côte d'Azur auf seiner Jacht Bel-Ami. Wir machen es gerade umgekehrt: Nicht vom Mittelmeer auf das Massif d'Estérel schauen wir, sondern von den roten Klippen auf die blauen Wogen.

Die Corniche de l'Estérel: eine Côte d'Azur, wie sie sonst zwischen Nizza und Toulon kaum noch anzutreffen ist. Nur gerade die Eisenbahn und eine 1903 erbaute Autostraße schlängeln sich am Küstenstrich des Estérel-Gebirges entlang, wetteifern um die besten Aussichtsplätze unterhalb der schier senkrecht über der Brandung stehenden Gipfel. Ein Wanderparadies mit vielen (markierten und unmarkierten) Wegen. Eine in jeder Hinsicht atemberaubende Wanderung geht über die sieben vordersten Spitzen des Massif de l'Estérel (Tour 20). Die Autos liefern sich Wettläufe mit den Zügen, deren Signale den Fortgang des Tages beim Trek über die letzten Gipfel in diesem Teil des Alpenbogens unregelmäßig strukturieren. Nur ein paar Zugminuten von der Filmmetrople Cannes entfernt wandern wir von Bahnhof zu Bahnhof, von Berg zu Berg. Am Schluß kommen wir zum Viadukt von Anthéor, das fast die gleiche Farbe wie die Estérel-Zinnen hat. Vor dem Viadukt befindet sich der gelbe Strand mit dem blauen Meer, hinter ihm ein Restaurant, in dem es Sirop de menthe gibt, eiskalt und grün. Wenn wir das Getränk genießen, fährt der blau-weiße TGV über die rote Bogenbrücke: Eine schöne Vorstellung!

Der höchste Gipfel des Estérel-Gebirges, der Mont Vinaigre, erhebt sich nur 614 Meter über dem Mittelmeer. Die geringe Höhe (in absoluten Zahlen) und die Nähe zum Strand nähren das Vorurteil, daß das Massif de l'Estérel gar nicht mehr zu den Alpen zählt. Es gehört freilich unzweifelhaft dazu, so gut wie der Wienerwald am anderen Ende. Bloß sind sich die Alpenlexika uneinig, ob es den Seealpen oder den Provence-Alpen anzurechnen ist. Als sicher gilt, daß das Estérel einen der ältesten Teile im Alpenbogen bildet. Es ist, heißt es im Führer »Frankreich am Mittelmeer« von Archibald Lyall, ein Rest »des sogenannten Tyrrhenischen Schildes, eines Kontinents, der sich vor etwa 600 Millionen Jahren an der Stelle des heutigen Mittelmeeres erhob – gleich alt wie das Zentralmassiv und das zentraliberische Plateau. Aus dem

La vie en rose: Tiefblick vom Rocher de St-Barthélemy auf Küstenstraße und Schienenweg, den eben der TGV durchmißt.

Meer noch herausschauende ›Spitzen‹ dieses versunkenen Kontinents sind auch die Inseln Korsika, Sardinien und die Balearen«. Von den höchsten Estérel-Klippen ist bei bester Sicht Korsika sichtbar. Häufiger sieht man die im Winter und Frühling verschneiten Dreitausender der Alpes maritimes am Horizont hinter dem weißen Gestade von Cannes. Auf seinen vorgelagerten Îles de Lérins läßt sich wunderbar und flach spazieren (Tour 19). Und das zu jeder Jahreszeit!

Der bekannteste Gipfel des Massiv d'Estérel ist der Pic du Cap Roux, ein mit Buschwerk überzogener Kegel, den scharfkantige Porphyr-Steilklippen vulkanischen Ursprungs umgürten und ihm ein prägnantes Aussehen geben. Er hat die Ehre verdient, und auch die Panorama-Tafel zuoberst, die der Touring-Club (nicht der Alpenclub) Frankreichs errichten ließ. Der grüne Michelin-Reiseführer »Côte d'Azur« gibt der Aussicht des Pic du Cap Roux drei Sterne; sie ist also »eine Reise wert«.

Estérel-Massiv und -Küste eignen sich auch hervorragend zum Radeln; ein Mountainbike ist von Vorteil. So läßt sich zum Beispiel auch die Tour von Théoule-sur-Mer nach Anthéor bzw. Agay mit dem Bike machen, wobei man mit Ausnahme des Pic de l'Ours um die Gipfel kurvt. Der höchste Gipfel des Estérel ist ebenso befahrbar wie einige tiefe Schluchten. Tagsüber ist die Küstenstraße ziemlich befahren, und auch die Straße von Agay nordwärts ist beliebt als automobile Querverbindung. Das restliche Straßen- und Wegnetz bietet jedoch das reine Fahrvergnügen auf zwei Rädern. Zum Sonnenaufgang die Höhenrundfahrt um den Pic d'Aurelle genießen und rasch noch zu Fuß auf diese Aussichtskanzel gehen, um Beine und Seele baumeln zu lassen – ebenso unvergeßlich wie die Fahrt über die für Autos gesperrte Teerstraße von der Pointe du Cap Roux gegen den Rocher de Saint-Barthélemy, über dessen ausgesetzten Steig wir noch vorsichtig hochbalancieren (Tour 21). Kurz: bike and hike en toute perfection. Anders gesagt: Vive les vacances sportives!

19 Îles de Lérins

Zwei lauschige Spaziergänge auf heiligen, Cannes vorgelagerten Inseln

Île Sainte-Marguerite und Île Saint-Honorat

Kinderleicht: Alte Treppe im Fort Royal auf der Île Sainte-Marguerite – einer der wenigen spürbaren Aufstiege.

Ausgangs- und Endpunkt: Cannes (0 m), Gare Maritime am kleinen Hafenbecken gegenüber dem Palais des Festivales bzw. am Ende des Hafens, gegenüber dem Sofitel-Hotel; zwei Gesellschaften für Sainte-Marguerite (Esterel Chanteclair und Horizon), eine für Saint-Honorat (Planaria; ✆ 04 92 98 71 38); keine Verbindung zwischen den Inseln. www.abbayedelerins.com.
Gehzeiten: Ste-Marguerite 2¾ Std., St-Honorat 1 Std.
Höhenunterschied: Geringfügig.
Distanz: Ste-Marguerite 8,5 km, St-Honorat 3½ km.
Anforderungen: Keine.
Beste Jahreszeit: Immer.
Einkehr: Restaurants auf beiden Inseln.
Unterkunft: In Cannes; vgl. Tour 45.
Sehenswertes: Das fünf Stockwerke hohe, befestigte Kloster auf St-Honorat, das fast draußen im Wasser steht: vielleicht das beste Gebäude, das je an der azurblauen Küste errichtet wurde: harmonischer und wuchtiger, einzigartiger und einsamer als jede Villa zwischen Menton und Marseille.
Karte: TOP 25: Cannes – Grasse (3643 ET).
Tipp: Kleine Badebuchten, aber bitte nicht nacktbaden. Fort Royal mit dem Musée de la Mer (mittags geschlossen). Monastère Fortifié offen tägl. 9-12 und 14-16.45 Uhr.

Zuerst folgen wir von der Anlegestelle auf Ste-Marguerite dem botanischen Lehrpfad zur Festung. Dort befindet sich die berühmteste Zelle der Côte d'Azur, in der im 17. Jahrhundert der Mann mit der eisernen Maske saß, an dessen Identität bis heute gerätselt wird; Peter Haff kommt in seinem Roman »Das Leuchten von Sainte Marguerite« dem Rätsel auf die Spur. Von der Festungsmauer genießen wir den Blick auf Cannes, wo sich seit 1946 jeweils im Mai anlässlich des wichtigsten Filmfestivals der Welt Stars und Starlets den Fotografen zeigen. Nach der Umrundung der Insel Ste-Marguerite fahren wir nach Cannes zurück und schiffen uns für die noch weiter draußen im Meer liegende Insel St-Honorat ein. Der heilige Honorat gründete 410 ein erstes Kloster, und noch heute wird die Insel von Mönchen bewohnt und verwaltet.

Wieder machen wir einen Spaziergang rund um die Insel und kommen so zum Monastère Fortifié, zur mittelalterlichen Schutzburg der Mönche. Von der Zinne schauen wir hinüber zur Silhouette des Estérel-Massifs, die sich wie ein oben gezackter Keil in die blaue Fläche vorschiebt.

Ste-Marguerite: Man geht im Uhrzeigersinn um die ganze Insel herum. Von der Anlegestelle kann man gleich am Ufer entlang zum Fort Royal gehen. Schöner ist es, wenn man gleich oberhalb der Anlegestelle den *Sentier botanique* beginnt, der in einem nach Süden ausholenden Bogen gegen das Fort zurückkommt. Auf dem botanischen Lehrpfad lernt man die Vegetation der Insel (und der Côte d'Azur) kennen. Allerdings ist er nicht immer optimal markiert; im schlimmsten Fall geht man im Wald nach Osten bis auf die Allée des Eucalyptus, in der man nordwärts gegen die Festung gelangt. Wo der botanische Lehrpfad gegen die Festungsmauer stößt, geht man entweder nach links, um das Fort noch zu besichtigen (und kommt später zur Verzweigung zurück), oder man geht gleich rechts desselben vorbei ans Meer hinunter. Nun beginnt die Umrundung auf dem Küstenpfad. Er führt zur Pointe de la Convention, wo sich ein Bunker befindet. Entlang der Südküste zur Pointe du Dragon. Nun zwischen der Küste und dem Batéguier-Weiher zur Pointe de Batéguier (man kann auch gleich am Westufer des Weihers entlang an die Nordküste gelangen). Rasch zurück zur Anlegestelle.

St-Honorat: Von der Anlegestelle im Uhrzeigersinn um die östliche Insel herum zum Monastère Fortifié und zum Kloster. Nun am schönsten durch die Lavendelfelder zurück zur Anlegestelle und noch um den Westteil der Insel zurück zum Kloster.

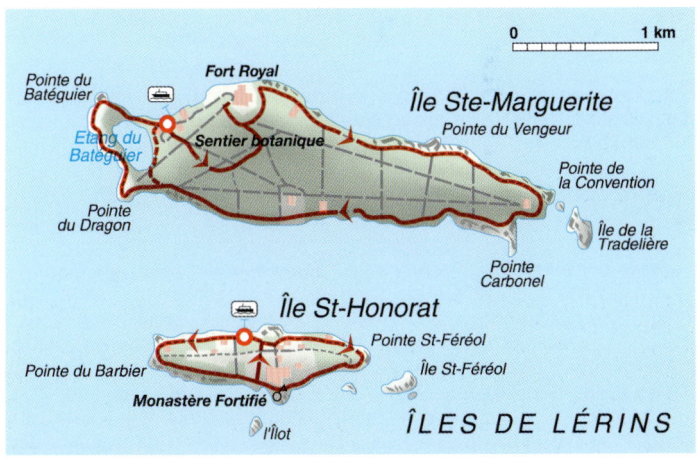

20 Les Balcons de l'Estérel

Gipfelparade entlang der Schnittstelle von Bergen und Meer

Théoule-sur-Mer – Sommet des Grosses Grues – Sommet des Petites Grues – Pic de l'Ours – Dent de l'Ours – Pic d'Aurelle – Pic du Cap Roux – Le St-Pilon – Anthéor Plage

Ausgangspunkt: Théoule-sur-Mer (0 m) an der Bahn- und Buslinie St-Raphaël – Cannes; die Bushaltestelle befindet sich im Zentrum, der Bahnhof südlich davon; vgl. Tour 22.
Endpunkt: Anthéor Plage (0 m); Bushaltestelle unter dem Viadukt, Bahnhof südlich davon; vgl. Tour 22.
Gehzeiten: Aufstieg zum Sommet des Grosses Grues 2 Std., über den Sommet des Petites Grues auf den Pic de l'Ours 1¼ Std., über die Dent de l'Ours auf den Pic d'Aurelle 1½ Std., Weiterweg zum Pic du Cap Roux 1¾ Std., Traversierung zum St-Pilon ¾ Std., Abstieg nach Anthéor 1 Std.; Gesamtgehzeit gute 8 Std. oder mehr...
Höhenunterschied: Rund 1200 m.
Distanz: 21 km.
Anforderungen: Teils schwierige Bergwanderung (Fortbewegung im Gelände, Orientierung) über sieben Gipfel an der Küstenflanke des Massif de l'Estérel. Läßt man die Dent de l'Ours und vor allem den Saint-Pilon (wo man je leicht klettern muß) sein, wird die Höhenwanderng deutlich leichter (mehr oder weniger und unterschiedlich markierte Wege) und auch kürzer.
Beste Jahreszeit: Im Hochsommer zu heiß.
Einkehr: Kein Trinkwasser unterwegs; also genügend Flüssigkeit mitnehmen.
Unterkunft: Vgl. Touren 21 und 22. Unterhalb des Col Notre-Dame befindet sich die Auberge de Jeunesse von Trayas, ✆ 04 93 75 40 23.
Variante: Von fast allen Senken im Kammverlauf gehen Wege zur Küste mit den Bushaltestellen und der Bahnstation von Le Trayas hinab.
Sehenswertes: Streckenwanderung oberhalb der schönsten Bahnstrecke der Côte.
Karte: TOP 25: Fréjus – St-Raphaël (3544 ET).
Tipp: Zelten, Feuer machen und Rauchen ist im Estérel-Massiv verboten.
Anschlußtouren: 21, 45.

Herzklopfen abseits von Wanderwegen und vom Strand, wo sich solches nur dann einstellt, wenn Neuankömmlinge feststellen, daß die Côte d'Azur ihrem Ruf als textilarme Urlaubsdestination stellenweise tatsächlich nachkommt. Der Saint-Pilon scheint mit seinen hellroten, senkrechten Flanken jede Annäherung auf Wanderschuhen abzuwehren.

Der Aufstieg zum ersten Gipfel beginnt mit dem Marsch entlang der lärmigen Straße (nicht dem *GR 51* folgen) von der Bahnstation ins Zentrum von **Théoule-sur-Mer**. Landeinwärts nun auf dem rot-weißen *GR 51* ins Vallon de l'Autel und hinauf in den **Col de Théoule**. Auf der staubigen Brandschutzstraße in den **Col du Trayas**, ihre weiten Schlaufen auf unmarkierten Pfaden abkürzend. Nordseits wieder auf einem Sträßchen in den **Col de la Cadière**. Auf einem Pfad über den Westgrat auf den mit einer Antenne versehenen **Sommet des Grosses Grues** (441 m). Durchs Unterholz noch kurz Richtung Meer gehen, um dieses zu sehen. Auf dem staatlichen Wanderweg und der grün-weiß markierten Grenze des Staatsforstes über den **Sommet des**

Abweisend: Der St-Pilon vom Col du St-Pilon – die Rinne ist der Zugang.

Petites Grues (411 m) in den **Col Notre-Dame**, wo man den *GR 51* verläßt. Auf steinigem Pfad über den Nordgrat zum **Pic de l'Ours** (492 m), den höchsten Gipfel über der Estérel-Küste, den jedoch ein Fernsehturm besetzt hält. Um trotzdem zum höchsten Punkt zu gelangen, klettert man etwa 50 Meter vor dem Tor am Ende der Zufahrtsstraße links auf einen Felsen und schleicht sich zum Stacheldrahtzaun hoch. Unterhalb des Zauns auf der Nordseite zum Nordgrat und über diesen hinunter in die **Brèche de la Dent de l'Ours** (ohne Namen auf der Karte). Von der Wegkreuzung auf einem Pfad zur etwa 30 m hohen, roten **Dent de l'Ours** (416 m); auf einem Pfad links daran vorbei, bis sich rechts eine Pfadspur zu einer Rampe in der Nordwestwand hochzieht. Auf dieser Rampe zu einem Felszacken klettern, linkshaltend eine Felsstufe überwinden und zum höchsten Punkt des »Bärenzahns« (Schwierigkeit I, ein paar Meter II). In der West- und Südflanke des Pic de l'Ours gelangt man in den **Col des Lentisques**, von wo man den Abstecher zum **Pic d'Aurelle** (322 m) einschlägt, der tiefste der sieben Gipfel, dafür derjenige, der am stärksten zum Meer drängt.
Kurz dem Aufstiegsweg zurückfolgen, aber dann den Pfad zur **Baisse des Sangliers** nehmen, wo man einen Weg oberhalb der Straße findet. Zuletzt auf dieser in den **Col de l'Évêque** (159 m), wo sich je drei Straßen und Wege kreuzen. Auf dem Wanderweg am Nordrücken entlang in den **Col de Cardinal** und in der Nordflanke auf den **Pic du Cap Roux** (453 m), der zuletzt von Süden erreicht wird; Panoramatafel. Hinunter in den **Col du Cap Roux**. Hier trennen sich die Wege, um auf den St-Pilon zu gelangen. Die leichtere Route

Malerisch: Sonnenaufgang auf dem Col de l'Evêque – und über den Îles de Lérins.

umgeht diesen auffälligsten und höchsten Felsen des Massif de l'Estérel auf dem Wanderweg in der Südseite zum Col du St-Pilon, von wo man auf der Abstiegsroute aufsteigt. Der andere Weg verläuft wie folgt: Vom Col du Cap Roux auf einer Pfadspur zum Felszahn Quiquillon (ohne Namen auf der Karte), den sie auf der Nordseite umgeht. Sie führt wieder auf den Kammverlauf hoch. Es ist mehr ein eingebildeter Pfad: Ein paar vegetationsfreie Flecken hintereinander ergeben schon fast einen Pfad, der auch die nächsten Felstürme auf der Schattseite quert und wieder den Grat erreicht. Im Unterholz zieht sich die Spur noch etwas unter dem Ostgipfel des Saint-Pilon durch, ist aber plötzlich ganz von stacheligem Gestrüpp überwachsen, durch das es kein Durchkommen gibt. Ein Felsband rettet einem vor der Umkehr; auf ihm klettert man in eine Geröllhalde hinüber. Durch diese mühsam hochsteigen. Oben verengt sie sich zu einer Rinne, durch die man in eine Lücke und über eine kurze Felsstufe auf den höchsten Punkt des **Saint-Pilon** (445 m) kraxelt.

Zurück in die Geröllhalde, in der man linkshaltend in deutlichen Rutschspuren abwärtsstolpert. Wo die Steine der Vegetation Platz machen, erweitern sich diese zu einem Pfad, der sich bald darauf gabelt. Auf dem rechten Ast zum **Col du St-Pilon**. Auf dem Wanderweg zum **Plateau d'Anthéor**, einem Picknickplatz. Am Südrand der kleinen Hochebene findet man (hoffentlich) den in der Karte eingezeichneten, aber im Gelände unmarkierten Pfad, der südostwärts durch ein zu Beginn beidseits von Felsen flankiertes Tälchen sinkt, und zwar zu den Bahngeleisen und zur Küstenstraße. Auf dieser durch die Bucht von **Anthéor**, bis rechts die Stichstraße zur Bahnstation abzweigt.

21 Pic du Cap Roux, 453 m

Am äußersten Rande der Alpen: religiöse und touristische Wallfahrtsorte

Küstenstraße – (Rocher de St-Barthélemy –) Col du St-Pilon – La Sainte-Baume mit Grottenkapelle – Pic du Cap Roux – Küstenstraße

Talort: Anthéor-Plage an der Corniche de l'Estérel; vgl. Tour 22.
Ausgangs- und Endpunkt: Bushaltestelle Cap Roux (37 m) an der RN 98 zwischen Anthéor und Le Trayas, bei der Pointe de l'Observatoire und bei einem Bahnübergang; vgl. Tour 22.
Gehzeiten: Aufstieg und Abstieg über an Col de St-Pilon nach Sainte Baume 1¼ Std., Besichtigung der Grottenkapelle ½ Std., Aufstieg auf den Pic du Cap Roux 1 Std., Abstieg an die Küste 1 Std.; Gesamtgehzeit 3¾ Std.
Höhenunterschied: 550 m.
Distanz: 10 km.
Anforderungen: Ein sicherer Tritt ist für den Circuit du Pic du Cap Roux von Vorteil. Großteils gelb markiert.
Beste Jahreszeit: Immer; am schönsten im Frühling und Frühsommer.
Einkehr: Sainte-Baume-Quelle mit herrlich frischem Wasser.
Unterkunft: Hotels und Ferienwohnungen in Agay, Anthéor, Le Trayas (direkt am Meer Relais des Calanques, ✆ 04 94 44 14 06), Miramar und Théoule-sur-Mer. Sehr empfehlenswert der Zeltplatz »Le Viaduc« in Anthéor Plage, offen Ostern bis Ende September, ✆ 04 94 44 82 31. Weitere Campings in Agay und Le Dramont; vgl. Tour 22.
Variante: Rocher de St-Barthélemy (203 m): Vom Sattel (157 m) in Felstritten über und entlang von vorgelagerten Felsen zum Gipfelaufschwung und hinauf (Schwierigkeit I-II, sehr ausgesetzt); zuletzt über ein paar Höcker auf den höchsten Punkt. Wer lieber mit der Bahn anreist, hat zwei Ausgangspunkte: Von Anthéor auf der bei Tour 20 beschriebenen Route zum Plateau Anthéor und weiter zum Rocher de St-Barthélemy bzw. direkt in den Col du St-Pilon; oder in Le Trayas starten, von wo ein Schotterweg in den Col de l'Évêque hinaufführt. Man kann auch von einer Bahnstation zur anderen gehen.
Sehenswertes: Scharfkantiger Porphyr, knorrige Korkeichen, duftende Föhren und in der Tiefe Bahn, Straße und Badebuchten (die idyllische bei der Pointe de l'Observatoire).
Karte: TOP 25: Fréjus – St-Raphaël (3544 ET).
Tipp: Zelten, Feuer machen und Rauchen ist im Estérel-Massiv verboten.
Anschlußtour: 20.

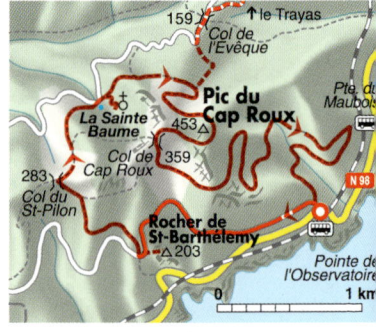

Der Rocher de St-Barthélemy ist ein roter Monolith fast lotrecht über den Küstenkliffs, den bis Mitte der 90er Jahre ein kurzer und witziger Klettersteig erschloß. Bergsteiger werden sich diesen Leckerbissen nicht entgehen lassen. Pilger besuchen eine auf der meerabgewandten Seite versteckte Grottenkapelle, wo sich Saint-Honorat vor der Gründung des Klosters auf der kleineren Lérins-Insel bei Cannes aufgehalten hat.

Von der **Bushaltestelle Cap Roux** auf die für den Autoverkehr gesperrte geteerte Forststraße. Im Sommer 2000 sind die Föhrenbestände großflächig abgebrannt. Die Straße führt nach einer Kurve westwärts in den Abhängen des Pic du Cap Roux ansteigend in einen Sattel (157 m) westlich des Rocher de St-Barthélemy. Auf einem Pfad hinauf in den **Col du St-Pilon** (283 m). Auf der Nordseite sinkt ein Wanderweg hinunter zur Wallfahrtsstätte **La Sainte-Baume** (170 m), die sich ein paar Meter oberhalb einer Straße befindet. In der Nähe beginnt ein Weg, auf dem man nordwärts ansteigt und schon bald zur Abzweigung Richtung Grottenkapelle gelangt. Ein schön angelegter Weg führt aufwärts gegen einen Felsturm (Le Pilon). Querung unterhalb desselben (eine leicht ausgesetzte Stelle) zu einem Turm mit einem Tor; da geht man hindurch und über eine Treppe zur **Chapelle de la grotte Saint-Honorat** (240 m) hinunter.

Zurück zur Abzweigung (190 m) und in der Nordflanke Aufstieg auf den **Pic du Cap Roux** (Panoramatafel). Hinunter in den Col du Cap Roux, dann südwärts (die ersten paar Meter schlecht sichtbar), später ostwärts absteigen zu einer Wegverzweigung oberhalb eines Eisenbahntunnels; von hier rasch zur Bushaltestelle Calanque du Maubois oder auf einem Hangweg zurück zum Ausgangspunkt.

Einladend: Pforte bei der Grottenkapelle der Ste-Baume – links der Pic de l'Ours.

22 Cap du Dramont

Klassischer Ort der Estérel-Küste mit schönen Blicken und Buchten

Le Dramont – Pointe du Dramont – Sémaphore – Belvédère de la Batterie – Camp Long

Ausgangs- und Endpunkt: Bahnstation Le Dramont an der Linie St-Raphaël – Cannes. Dank des Lokalzuges braucht es an der Corniche de l'Estérel kein Auto zum Wandern. Raphaël Bus Nr. 8 von St-Raphaël Gare Routière über Le Dramont, Agay, Anthéor Plage (Haltestelle Viaduc) und Cap Roux bis Trayas Pointe Notre-Dame; ✆ 04 94 83 87 63, www.saint-raphael.com/OTSR/Portals/0/images/carte/plan.pdf.
Gehzeit: Knapp 2 Std.
Höhenunterschied: Knapp 200 m.
Distanz: 5 km.
Anforderungen: Leicht; ein paar Stellen verlangen eine Spur Trittsicherheit; mehrheitlich markiert
Beste Jahreszeit: Immer.
Einkehr: Schöne Restaurants im Abri du Poussaï, an der Plage de Camp Long.
Unterkunft: Zahlreiche Hotels. Am Cap du Dramont zwei Campings: Les Campéoles, ✆ 04 94 82 07 68; Royal, ✆ 04 94 82 00 20. In Agay der ab Ende Februar offene Zeltplatz Les Rives de l'Agay, ✆ 04 94 82 02 74. In Fréjus die Auberge de Jeunesse, ✆ 04 94 53 18 75.
Variante: Die Tour bei der Bushaltestelle von Camp Long beginnen – oder dort beenden; Zufahrt zur Plage de Camp Long benützen. Und: Von St-Raphaël auf dem reizvollen *sentier du littoral* nach Dramont; 2¼ Std. Im Herbst 2012 war der Küstenweg auf einer Länge von 2,5 km gesperrt.
Sehenswertes: Amarantrot und azurblau.
Karte: TOP 25: Fréjus – St-Raphaël (3544 ET).
Tipp: Cap du Dramont ist auch ein Klettergebiet; mehr im Topoführer Massif de l'Estérel von Christian Rive.

Belvédère de la Batterie heißt einer der Aussichtspunkte des Cap du Dramont: Panorama und Militär passen gut zu diesem Küstenstrich des Estérel. Am Strand von Dramont landete am 15. August 1944 das 36. US-Infanterie-Regiment; am Denkmal wandern wir vorbei. Lange im Blickfeld haben wir den viereckigen Turm auf der kleinen Île d'Or. Festung oder Gefängnis, wo vielleicht Mitglieder der Räuberbande von Gaspard de Bresse gefangen gehalten wurden? Diese Bande hatte im 18. Jahrhundert das Estérel sowie die Gedanken und das Geld der dort Reisenden fest im Griff. Später machten sich Sträflinge, die von Toulon entkommen waren, dann die französische Widerstandsbewegung das dicht bewaldete, zerklüftete Gebirge zum Schutzwinkel.

Geheimnisvoller Ort: Die Insel des Goldes am Cap du Dramont.

Von der Bahn- oder Busstation **Le Dramont** hinab zur Plage du Débarquement. Dem Stand entlang ostwärts in den kleinen Hafen Abri du Poussaï. Auf dem markierten Sentier du Littoral über eine Treppe hoch und in einen Wald hinein, dann nach rechts zur Umrundung des Cap du Dramont. Im Gegenuhrzeigersinn, teils hoch über den roten Kliffs, um das Kap herumgehen; Stichpfade führen zu Buchten gegenüber der Île d'Or hinunter. Auf der offenen Meerseite, oberhalb der tief eingeschnittenen Bucht Mare Règue, zweigt man links in den Pfad ein, der in den Sattel (88 m) zwischen den beiden »Gipfeln« des Cap du Dramont führt. Zuerst auf asphaltiertem Zubringersträßchen zum eingezäunten **Leuchtturm** (136 m); eine Aussichtsplattform wird auf der Westseite auf einem teils gesicherten Pfad erreicht. Dann zurück in den Sattel und zum **Bélvédère de la Batterie** (107 m); ehemalige Festung, heute Antennenanlage.

Wieder hinunter in den Sattel und die Umrundung fortsetzen. Man kommt zu einem Parkplatz etwas südlich oberhalb der **Plage de Camp Long**. Nun entweder zu diesem Strand und zur Bushaltestelle an der Straße westlich der Strandzufahrt oder auf dem Wanderweg auf der Landseite des Cap du Dramont zurück. Man gelangt auf die Zufahrtsstrasse zum Abri du Poussaï; nach rechts auf die Hauptstrasse und nach links zu Bus- oder Bahnstation **Le Dramont**.

Massif des Maures: grüne Wellen

»Die Städtchen Sollies, Cures und Pignans, in die man nun nacheinander kommt, zeichnen sich durch nichts aus, als durch den Schmutz ihrer Gassen, die mit Mist angefüllt sind.« Tourismusmanager lesen eine solche Beschreibung nicht gerne – nur: Als der Karlsruher Pfarrer Christian Friedrich Mylius mit dem Notizbuch von Hyères durch die drei Städtchen nach Fréjus wanderte, brauchte der Tourismus noch keine Verschönerungsvereine. Und Deutschsprachige, die an die Côte d'Azur reisen wollten – diesen Begriff gab es freilich damals auch noch nicht – waren auf schreibende Touristen wie Mylius angewiesen, der seine Heimatstadt am 28. Junius 1818 verlassen hatte. Seine »Malerische Fußreise durch das Südliche Frankreich und einen Theil von Ober-Italien« erschien in vier Bänden in den Jahren 1818/1819. Das Tal, worin Pignans liegt, gefiel dem Autor nicht: »Nichts ist hier einförmiger als der Anblick der Landschaft; man wandert unaufhörlich in einem Walde von Oehlbäumen, welche das breite Thal und die Seiten der Hügel bedecken.«

An dieser Einschätzung hat sich bis heute nicht viel geändert: Das Tal zwischen Hyères und Fréjus liegt abseits der Touristenströme, aber nicht abseits der Verkehrsachsen. Schon die Eisenbahnlinie von Marseille nach Nizza und Genua wurde hier zum einzigen Mal an der französisch-italienischen Riviera ins Landesinnere verbannt, genauso übrigens wie später die Autobahn. Der Grund dafür ist das Massif des Maures.

Dieses waldreiche, maximal 20 km breite Mittelgebirge erstreckt sich über 55 km, wobei von den drei parallel verlaufenden Hauptketten die nördliche am längsten ist und mit La Sauvette (779 m) auch den höchsten Gipfel aufweist. Am bekanntesten ist die südliche Kette, weil sie auf ihrer Meerseite Orte wie Le Lavandou und Cavalaire-sur-Mer beherbergt. Dieser Abschnitt der Côte d'Azur heißt denn auch Corniche de Maures. Den Nordostteil des Mauren-Gebirges nennt man Les Petites Maures, während am südwestlichen Zipfel, gleich am Stadtrand von Hyères, die sehr kleinen Maurettes liegen. Das Massif des Maures ist wie das Estérel-Gebirge uralt und deshalb auch nicht mehr hoch; die Erosion hat das kristalline Gestein abgetragen.

Der Name kommt vom provenzalischen »maouro«, was dunkler Baum bedeutet. In einer Fußnote gibt Mylius allerdings eine andere Namenserklärung: »Mohrengebirg (Montagnes des Maures), das seinen Namen von den Sarazenen hat, die sich im 9. und 10. Jahrhunderte hier einnisteten, nachdem sie im Meerbusen von Grimaud gelandet waren, und sich im Bergschlosse Fraxinet auf einem Berge, dem Städtchen St. Tropes gegenüber festsetzten.« Im Jahre 973 wurden die Sarazenen allerdings aus Fraxinet, dem heutigen La Garde-Freinet verjagt. Wer den Blick vom Schloß auf den Golf von St-Tropez nachempfinden will, folgt der geheimen Tour 24.

Nicht alle Wege im Massif des Maures sind so harmonisch in die Natur gesetzt wie dieser Geheimpfad. Weil die einst kaum zugänglichen Wälder

Laisser-faire: Aussicht von der am Meer nächsten Kette auf die gleichförmige Hügellandschaft des Maures-Massivs; im Sommer eine Symphonie in Grün, im Herbst ein Farbenspiel wie fast am Blumenkorso.

immer wieder brannten, legte man kilometerlange Brandschutzstraßen an. Die lanschaftlich schönste dieser wichtigen Verbindungen ist diejenige auf der vordersten der grünen Wellen, weil man von ihr einen wunderbaren Blick auf die blauen Wellen genießt. Allerdings ist die ganze Strecke geteert und deshalb nur als Radtour vorteilhaft. Fußreisende sollten eher den Kreuzweg zur Notre-Dame de Constance (Tour 26) in Bormes-les-Mimosas oberhalb Le Lavandou besuchen, am besten dann, wenn die Mimosen einen goldgelben Frühling verkünden. Die Blütezeit von Januar bis März hat die robuste Pflanze aus ihrer Heimat Australien mitgebracht. Jährlich werden zehntausende von Tonnen der Goldbällchen geerntet, acht Millionen Sträuße in alle Welt verschickt. Den Rest verarbeit die Parfümindustrie von Grasse.

Das Wesen des Massif des Maures ist seine Weite und Ruhe. Um dies zu erleben, sollten Wanderer den *GR 90* zwischen Le Lavandou und Notre-Dames des Anges (767 m) oberhalb Pignans kennenlernen. Sie werden dabei nach Collobrières kommen, der capitale des Maures. Das hübsche, lebendige Dorf liegt zwischen der nördlichen und mittleren Kette des Mauren-Gebirges, umgeben von ausgedehnten Kastanien- und Eichenwäldern. Die Rinde der Korkeiche wird unter anderem zu Souvenirs verarbeitet, die Eßkastanien werden zu marrons glacés kandiert, dürfen aber auch als Eis, Konfitüre, Bonbons, Creme oder Likör genossen werden. Gleich beim Pont Vieux aus dem 12. Jahrhundert, über den sich eine uralte Weide beugt, befindet sich das Maison de Marron. Oberhalb von Collobrières versteckt sich inmitten ausgedehnter Korkeichenwälder und Kastanienhaine das Kartäuserkloster von Verne (Tour 25). Schade, daß Pfarrer Mylius nicht dorthin gegangen ist. Der Aufenthalt auf dem Kreuzganggesäumten Friedhof hätte ihn sicher so beeindruckt wie der Blick aus einem der Fenster: plötzlich der tiefblaue Golf von Saint-Tropez mit seinen weißen Schiffen. So nah und so fern.

23 Rocher de Roquebrune, 373 m

Teils gesicherte Himmelsleiter auf rote Zinnen über der Autobahn

Roquebrune-sur-Argens – Rocher de Roquebrune – Col du Facteur – GR 51 – Roquebrune-sur-Argens

Ausgangs und Endpunkt: Roquebrune-sur-Argens (20 m) an der Buslinie St-Raphaël – Fréjus – Le Muy – Draguignan [Estérel Bus, ✆ 04 94 53 78 46]. Dazu die Ligne Urbaine Roquebrune-sur-Argens – La Bouverie – Les Issambres – San-Peire-sur-Mer [SVA, ✆ 04 94 95 95 16, www.sva-beltrame.com]. Die Bahn eignet sich kaum zur Anreise, da es kaum lokale Züge gibt und der Bahnhof draußen in der Prärie steht.

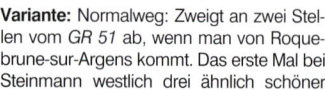

Gehzeiten: Auf- und Abstieg je 2 Std.
Höhenunterschied: Rund 450 m.
Distanz: 10 km.
Anforderungen: Die Ost-West-Überschreitung ist sehr schwierig. Ostgrat: kurze Kletterstellen (I), die schwierigsten Stellen mit Drahtseilen entschärft. Route meistens gut blau markiert, aber doch so, daß es noch Spürsinn braucht; die diskreten weißen Sternchen zeigen teilweise eine direkte Linienführung über alle Graterhebungen an (Klettertour). Der Abstieg über den Westgrat in den Col du Facteur ist eine Spur leichter. Am leichtesten ist der Normalaufstieg von Süden, der aber immer noch schwarz einzustufen ist.
Beste Jahreszeit: Immer; im Sommer heiß. Nicht bei feuchten Verhältnissen: bemooste Felsen. Am schönsten sehr früh am Morgen, wenn die Türme des Ostgrates hell aufleuchten und die Ebene noch im Schatten liegt.
Einkehr und Unterkunft: B&B, ✆ 08 92 70 75 62. Sehr gepflegt der Camping Le Moulin des Iscles, ✆ 04 94 45 70 74.

Variante: Normalweg: Zweigt an zwei Stellen vom *GR 51* ab, wenn man von Roquebrune-sur-Argens kommt. Das erste Mal bei Steinmann westlich drei ähnlich schöner Wegstrecken durch Mimosenwald. Das zweite Mal (gelb markiert) bei Wegverzeigung östlich P. 192 m. Dann steigt der Pfad durch die dicht überwachsene Südflanke an, überwindet eine rötliche Platte am rechten Rand und strebt steil in steinigem Gelände zum Gipfelgrat empor. Insgesamt 3 Std. für die Besteigung auf dem Normalweg.
Sehenswertes: Die ganze Szenerie der Notre Dame de Roquette (Wahlfahrtskapelle aus dem 16. Jahrhundert) am Nordfuß des westlichen Stockes des Rocher de Roquebrune; in einer riesigen Felsspalte versteckt sich zudem die Kapelle St-Jean, und durch das Saint-Trou kommen nur tugendhafte junge Frauen (und schlanke Wanderer mit Taschenlampe). Der Zugang erfolgt am einfachsten vom Parallelsträßchen zur Autobahn. Vom Col du Facteur kommt man ebenfalls auf sehr überwachsenen und sehr abenteuerlichen Pfaden direkt zum geheimnisvollen Ort.
Karte: TOP 25: Les Arcs – Le Muy (3544 OT).
Tipp: Mitte Juni findet jeweils das Fête de la Randonnée mit verschiedenen Wanderungen statt, so natürlich auch auf den Dorffelsen. Auskunft beim Office du Tourisme, ✆ 04 94 19 89 89, oder beim Club d'Escalade et de Randonnée am Boulevard Jean Jaurès.

Von oben: Blick vom Hauptgipfel auf die Nebengipfel P. 369 m (rechts) und P. 368 m (links). Aus der Tiefe des Raums grüßt Le Muy.

Etwas vom Besten an der Côte d'Azur: Die Ost-West-Überschreitung des Hauptstockes des Rocher de Roquebrune. Er bildet die markante Skyline des hübschen Dorfes Roquebrune-sur-Argens und und betört für eine paar Minuten die Benützer der Côte d'Azur-Autobahn mit dem Namen »Estérel«. Der Rocher de Roquebrune liegt am äußersten Rand des Massif des Maures und gehört mit seinen roten Felsen geologisch zum Estérel. Bergwanderer werden auf dieser Grattour auch an ihre Grenzen stoßen.

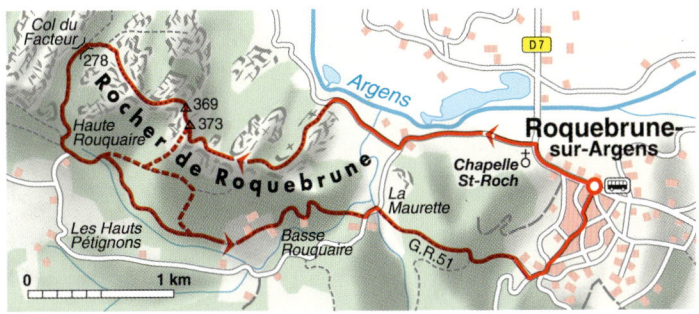

Von unten: Silhouette des Rocher de Roquebrune. Wir steigen von links nach rechts.

In **Roquebrune-sur-Argens** auf der Hauptstraße D 7 nordwestwärts Richtung Autobahn. Gleich nach der Chapelle St-Roch (11 m) links in die Nebenstraße, die zum L'Argens führt. Nach einer scharfen Linkskurve kommt man zu einer Verzweigung (in ihrer Nähe kann das Auto oder das Rad geparkt werden). Rechts zur felsigen Nordseite des Rocher de Roquebrune.
Der **Einstieg** für die **Ostgratroute** befindet sich dort, wo die Felsplatten am weitesten nach Norden reichen, dort, wo sie das zweite Mal die Straße berühren, westlich von der Hausruine mit dem Schild »Défense d'entrer«. Gleich danach macht die Straße eine Linkskurve – aber dann ist man schon zu weit. Über die teilweise von Vegetation bedeckten Felsplatten, auf denen lose Steine liegen, südwestwärts bis zum ersten Turm aufsteigen. Unterhalb davon findet man einen Steinmann und die ersten blauen Markierungen. Den **ersten Turm** mittels Querung einer Platte (etwas ausgesetzt) und in Wegspur in sehr dichter Vegetation rechts umgehen. Man erreicht schließlich den eigentlichen Ostgrat hinter seinem ersten Eckpunkt und blickt auf die Südseite hinunter.
Im Unterholz über den Grat. Der nächste Felshöcker wird teilweise über griffarme Platten auf der Südseite gequert. Man gelangt wieder auf den Grat und wieder in die Vegetation. Undeutliche Wegführung; man halte auf den

nächsten roten Turm zu. An seinem Fuß mit Hilfe eines Kabels ums Eck (etwas ausgesetzt). Anschließend folgt auf der Südseite eine lange Querung auf teilweise überwachsenem Blockwerk. Nach einem auffälligen roten Turm kommt man wieder auf den Ostgrat. Leicht über den meist flachen Grat. Die nächste Kuppe links umgehen, die gleich anschließende Kuppe überschreiten. Den folgenden Höcker nordseitig umgehen: ausgesetzte Querung an Drahtseil. Abstieg und zum Fuß des Gipfelgrates, der hier mit dem **markantesten Turm** beginnt.

Südseitiger Abstieg an Drahtseil; weiterer Abstieg, teilweise im Geröll. Querung am Fuß der Felswände; eine Stelle ist mit einem Kabel gesichert. Aufstieg in überwachsener Rinne in die Scharte hinter dem großen roten Turm. Den nächsten Aufschwung unterhalb des höchsten Punktes südseitig queren, dann über zwei Erhebungen. Ein paar Meter absteigen, auf einem Felsband queren, wobei ein Baumstamm nützliche Hilfe leistet, durch eine Senke zur letzten Erhebung und über diese zur Lücke, wo die gelb markierte Route von unten einmündet (Variante). In wenigen Schritten zum mittleren der drei Kreuze (sie stehen für die Maler Giotto, Grunenwald und El Greco) auf dem höchsten Punkt des **Rocher de Roquebrune** (373 m).

Vom Hauptgipfel westwärts in den Felsen hinab; mit weißen Strichen, weißen Sternchen sowie blauen Strichen und Punkten markiert. Zwei Stellen sind mit fixen Kabeln versehen. Hinab in eine Lücke und nordwärts hinauf. Schließlich von Südwesten auf **P. 369 m**.

Westwärts den Markierungen folgend über teils überwachsene Felsen auf ein Flachstück, wo sich die Wege trennen. Eine weiß markierte Route sinkt über die Südflanke hinab auf den *GR 51*. Schöner ist es aber, nach rechts auf weiß/blau markierter Route über Felsen und durchs Unterholz in den Sattel zwischen dem zweiten und dritten Gipfel zu gehen. Der dritte Gipfel wird über seine Ostflanke erklettert, und zwar schräg links hinauf; einzelne Kletterstellen (I). Mit einer Kette über eine Steilstufe, dann rechts. Zuletzt über Blöcke, etwas rechtsausholend, auf den Gipfelblock von **P. 368 m**.

Ein paar Meter auf der gleichen Route zurück, dann nach rechts. Durch zusehends dichtere Vegetation in den **Col du Facteur** (278 m) hinab. Hier sind die Schwierigkeiten vorbei. Südwärts auf einem guten Weg, der in nicht mehr so dichter Vegetation und manchmal gar über offene Stellen verläuft, hinunter zur Bergerie Haute Roquaire, wo man auf den *GR 51* stößt. Auf ihm am Fuß des Rocher de Roquebrune auf die eingangs erwähnte Nebenstraße, die man bei La Maurette (11 m) erreicht. Ostwärts auf Sträßchen, dann auf einem Fußweg durch ein Tälchen hinauf zu Wendeplatz (67 m) und zu den ersten Häusern von Roquebrune-sur-Argens. Wo der *GR 51* links in eine Erschließungsstraße von Eigenheimen biegt, bleibt man besser auf der Straße ins Quartier Ste-Anne, wobei man am Friedhof und am Denkmal für die Fallschirmspringer vom 15. August 1944 (Befreiung der Provence) vorbeikommt. Schließlich nordwärts ins Zentrum von **Roquebrune-sur-Argens**.

24 Fort Freinet, 450 m – Roches Blanches, 637 m

Die ehemalige Sarazenen-Hochburg und der Golf von St-Tropez von oben

La Garde-Freinet – Fort Freinet – Croix des Maures – Roches Blanches – La Garde-Freinet

Talort: St-Tropez (0 m); vgl. Tour 27.
Ausgangs- und Endpunkt: La Garde-Freinet (360 m). Erreichbar mit dem Bus von St-Tropez über Logolin Gare Routière [Sodetrav 108; ✆ 0825 000 650].
Gehzeiten: Aufstieg 1¾ Std., Abstieg 1 Std.; Gesamtgehzeit 2¾ Std.
Höhenunterschied: Rund 300 m.
Distanz: 7,5 km.
Anforderungen: Etwas Trittsicherheit und Orientierungsvermögen erwünscht. Wege kaum unterhalten und nicht markiert.
Beste Jahreszeit: Immer, außer vielleicht Nov., Jan. und Feb.; in diesen drei Monaten steigt in la Garde-Freinet nämlich kein Fest; sonst ist immer was los, vom Karneval über die Traumnacht bis zum Kastanienfest.
Einkehr und Unterkunft: 5 Hotels; Gîte d'Étape, ✆ 04 94 43 64 63.
Variante: Nur die knapp einstündige Rundtour zur Festung und zum Mauren-Kreuz machen. Oder mit dem Rad auf der geteerten Route des Crêtes (zweigt gleich nördlich des Stadtzeltplatzes ab) in den Sattel (568 m) und in 10 Min. auf dem Pfad über den W-Grat auf Les Roches Blanches.
Sehenswertes: Blick auf den Golfe de St-Tropez von oben.

Karte: TOP St-Tropez – Ste-Maxime – Massif des Maures (3545 OT).
Tipp: Wenn scharf geschossen (Ball-Trap) oder scharf gefahren (Motocross) wird, weicht man auf die Route des Crêtes und die Brandschutzstraße D.F.C.I. No. 9 aus.

Der Duft der Blumen, Sträucher, Kastanienwälder – und der Duft der Geschichte. La Garde-Freinet war von 889 bis 975 Hauptstützpunkt der Sarazenen. Die Festung selbst, die im 15. Jahrhundert zu einem Schloß umgebaut wurde, geht gar auf ein keltisch-ligurisches Oppidum zurück.
Vom Platz mit den Restaurants in **La Garde-Freinet** geht man nordwestwärts durch die Gassen, vorbei an einem kleinen Platz. Oberhalb der Kirche gelangt man durch die Rue de la Croix in die oberste Gasse. Durch sie zu einem Parkplatz bei den nördlichsten Häusern des Städtchens. Auf einem breiten Weg in den Wald hinein; rasch ist eine Weggabelung erreicht. Links zweigt der Weg zur Croix des Maures ab. Man geht aber geradeaus, allerdings nicht auf dem breiten Weg, sondern auf einem oberhalb davon verlaufenden Pfad.

Schon bald jedoch zickzackt dieser teilweise aus dem felsigen Untergrund herausgebrochene Pfad direkt zur Festung hinauf. Unterhalb davon biegt von links derjenige Pfad ein, der von der Croix des Maures herkommt. In felsigem Gelände hinauf zu den Ruinen des **Fort Freinet**. Von der Anhöhe des Fort hinab zur Wegverzweigung. Auf dem Verbindungsweg in einen Sattel und hinauf zur acht Meter hohen **Croix des Maures** (437 m). Südlich unterhalb davon kommt man zur nächsten Kreuzung. Links geht es auf einem etwas breiteren Weg zurück nach La Garde-Freinet (man begeht ihn bei der Rückkehr), rechts führt der Pfad auf der Stadtseite des Grates zum Parkplatz beim Sattel (438 m), wo die geteerte *Route des Crêtes* von der Ost- auf die Westseite wechselt. Wir steigen aber auf einem steinigen, ziemlich steilen Weg über den Grat zu einem Wasserreservoir. Auf

Hübscher Fluchtpunkt: Von La Garde-Freinet aus verbreiteten die Sarazenen einst Schrecken mit der Seeräuberei.

dem Zubringersträßchen (Schotter) leicht abwärts zur Kreten-Straße. Man folgt ihr bis in eine langgezogene Rechtskurve. Nun links weglos kurz durchs Gebüsch hinauf auf einen alten Saumweg, der teilweise gemauert ist (von der Straße aus sichtbar). Auf diesem Weg, der an einer Stelle nur zwei Meter oberhalb der *Route des Crêtes* verläuft, in einen weiten Sattel (494 m). Auf einem breiten Weg (Markierung »Ball Trap«) südwärts ansteigen; nach der zweiten Serpentine links halten und immer auf der linken Motocross-Piste weiter über den Grat aufsteigen. Wo die Piste zu einer Rechtskurve absinkt, findet man einen schmalen Pfad, der im Unterholz den einzigen Aufstieg über den Nordgrat in den **Col des Roches Blanches** (602 m) ermöglicht; zwei Antennen. Weiter über den Grat, nun auf breiterem Weg; er verengt sich vor dem Gipfel wieder und passiert ein auffälliges Quarzband. Auf dem höchsten Punkt der **Roches Blanches** steht ein etwa 2,5 m hoher Steinmann. Abstieg wie Aufstieg. Zwei wichtige Punkte: Erstens darf man die »Flucht« vom Saumweg auf die Straße nicht verpassen; jener führt zwar noch weiter, verheddert sich aber im Sattel südlich von P. 519 m im sehr stacheligen Gebüsch. Zweitens wählt man von der Croix des Maures den Direktabstieg nach **Garde-Freinet**.

25 Chartreuse de la Verne

Kastanien, Korkeichen und das Kartäuserkloster von Verne

Collobrières – Plateau Lambert – Chartreuse de la Verne – Sommet de l'Argentière – (Le Grand Noyer –) Maison Rusca

Parfum der Stille: Geschälte Korkeichen oberhalb von Collobrières.

Einer der magischen Orte im Hinterland der Côte d'Azur: die Chartreuse de la Verne. Wir erreichen das im Jahr 1170 von Kartäusermönchen gegründete, später durch Brände beschädigte, in der Revolution geplünderte, seit 1983 wieder von einem Orden bewohnte Kloster auf jene Art, weshalb es auf dieser schwer erreichbaren Anhöhe inmitten grüner Kastanienwälder erbaut wurde: zu Fuß.

Ausgangspunkt: Collobrières (155 m) an der D 14 von Pierrefeu-du-Var nach Grimaud; Busse von Toulon [Transvar 85, ✆ 04 94 28 93 28] und von Hyères [Transvar 193].

Endpunkt: Maison Rusca (82 m) – auf der IGN-Karte Baraque de Bargean – an der N 98 zwischen Col de Gratteloup und La Môle; Haltestelle des Busses Toulon – Le Lavandou – St-Tropez [Sodetrav 111 ✆ 0825 000 650]. Der GR 90 geht weiter nach Bormes-les-Mimosas; vgl. Tour 26.

Gehzeiten: Collobrières – Chartreuse de la Verne 3¾ Std., Kartause – Maison Rusca 2¼ Std.; Gesamtgehzeit 6 Std.

Höhenunterschied: Aufstieg 610 m, Abstieg 680 m.

Distanz: 20 km.

Anforderungen: Ausdauer; für die Abstiegsroute über Le Grand Noyer, die schwieriger, länger, stacheliger und spannender als die Brandschutzstraße ist, braucht es zudem Orientierungsvermögen. Meist markiert.

Beste Jahreszeit: Immer; im Hochsommer zu heiß, wegen Waldbrandgefahr können die Wege auch gesperrt sein.

Einkehr und Unterkunft: In Collobrières: Hôtel Notre Dame, ✆ 04 94 48 07 13; Auberge des Maures, ✆ 04 94 48 07 10; einfacher Zeltplatz. Refuge des Sivadières westlich des Sommet de l'Argentière: kleine, immer offene Schutzhütte; Kocher, Matratze, Schlafsack sowie Wasser (von der Chartreuse) mitbringen.

Variante: Rundtour von der Maison Rusca, mit Aufstieg über La Grand Noyer und Weiterweg vom Col du Péra in die Selle de la Coulette; insgesamt 5¼ Std.

Sehenswertes: Vielfältige Vegetation bis Plateau Lambert, Korkeichen gegen die Chartreuse, dort Kastanienwälder, beim Abstieg mediterrane Bäume und Büsche.

Karte: TOP 25: Collobrières (3445 ET), Le Lavandou (3446 OT).

Tipp: Öffnungszeiten im Winter 11-17 Uhr, im Sommer 11-18 Uhr; Di, Ostern, Christi Himmelfahrt, Pfingsten, Mariä Himmelfahrt, Weihnachten sowie Nov. geschlossen. Anfang Juni findet in Collobrières jeweils der Raid Nature statt (Hike, Bike, Canyoning), im Okt. das Kastanienfest inkl. organisierter Wanderung. Maison de Marron mit Ausstellung über die Verarbeitung der Kastanien.

Anschlußtouren: 26, 45.

Vom Pont Vieux in **Collobrières** zur Kirchenruine südlich oberhalb des Dorfes. Rechts daran vorbei; hier sollte man spätestens auf dem rot-weißen *GR 90* sein. Er führt schon bald über einen Waldrücken hoch, quert die Flanke eines Hügels und erreicht schließlich das **Plateau Lambert** (474 m); teilweise ist der Weg sehr schmal, vor allem im zweiten Teil aber auch breit; zuweilen sinkt er kurz ab. Auf der Lambert-Hochebene geradeaus und rechts auf einem Sträßchen an zwei Menhiren vorbei (sie sind leider nicht zugänglich). Bei der nächsten Kreuzung verläßt man den *GR 90* und geht links auf gelb markiertem Schottersträßchen nordostwärts, zuerst leicht aufwärts, dann abwärts. Nach 2 km nicht links über den Bach. Das Sträßchen windet sich nun mehr oder weniger im Wald entlang von Flanken bis ins Vallon du Bousquet hinunter. Kurz nach der Brücke 335 m zweigt rechts der Wanderweg ab, steigt durch dichten Wald aufwärts, kommt bei einer **Unterstandshütte** vorbei (keine Decken, Matratzen und Holz) und erreicht das Sträßchen wieder. Auf ihm nordostwärts. Nach der weitläufigen Selle de la Coulette (510 m) verengt es sich zum Weg, der direkt zur **Chartreuse de la Verne** (422 m) führt.

Von der Kartause auf dem gelb und blau markierten, anfänglich betonierten, dann geschotterten schmalen Sträßchen – mit schönen Ausblicken auf den Golfe de St-Tropez – leicht ansteigend in östlicher, dann westlicher Richtung auf den **Sommet de l'Argentière** (502 m); Hochplateau und breite Wegkreuzung; nordwestlich versteckt sich das Refuge des Sivadières. Zwei Abstiegsmöglichkeiten:

1) Links auf die gelb markierte Brandschutzstraße »Le Noyer« 3 km bis zur ersten Wegkreuzung, dann links; bei der nächsten rechts zu kleinem Staubecken. Bequem und schöne Ausblicke, aber monoton und schattenlos. Vor dem Staubecken mündet von rechts der *GR 90* ein.

2) Weiter auf der blau markierten »piste des Sivadières« in den Col du Péra (522 m); Wegkreuzung. Auf einem Pfad knapp südlich um den Sommet du Péra (544 m) herum zu Weggabelung. Links einen teils überwachsenen, nicht markierten Pfad einschlagen, der südwärts ziemlich steil, dann westwärts und zuletzt wieder südwärts im Unterholz auf die Verbreiterung eines Schotterweges stößt. Auf diesem nach links zur Route 1 (erste Wegkreuzung). Schöner nach rechts zu den Ruinen des Bauergutes **Le Grand Noyer**. Hier erreicht man den rot-weißen *GR 90*. Auf Pfad im Unterholz zum Bach hinab und hinauf aufs Sträßchen zum Staubecken.

Nun auf dem *GR 90* vom Damm links oberhalb des Baches auf einem Weg weiter, der schon bald in einen alten Pfad mit Trockensteinmauern übergeht. Im Zickzack hinab und talauswärts. Wo der *GR 90* rechts über den Bach geht, bleibt man auf dem linken Pfad. Er mündet in die Zufahrtsstraße zu einem Weingut, und diese in die N 98 mit der Bushaltestelle **Maison Rusca**.

Abseits vom Glamour: Die Kartause von Verne inmitten dichter Kastanienwälder.

26 Bormes-les-Mimosas

Verdiente Auszeichnung: premier village fleuri en France

Bormes-les-Mimosas – Notre-Dame de Constance – Bormes-les-Mimosas

Talort: Le Lavandou (0 m) an der D559, die entlang der Côte des Maures verläuft. Bus Toulon Gare SNCF – Hyères – Bormes-le-Pin – Le Lavandou – St-Tropez [Sodetrav 113, ✆ 0825 000 650].
Ausgangs- und Endpunkt: Bormes-les-Mimosas (157 m); wer mit dem Bus anreist, steigt in Bormes-le-Pin aus (33 m; Haltestelle auf der Hauptstrasse) und folgt der Voie romaine in den Dorfkern hinauf.
Gehzeiten: Dorfrundgang und Abstecher zur Notre-Dame de Constance je 1 Std.
Höhenunterschied: Rund 250 m.
Distanz: 3 km.
Anforderungen: Keine.
Beste Jahreszeit: Immer. Am schönsten im Februar oder März, wenn die Blumen blühen, die dem Dorf den Namen gegeben haben. Oder im Juni, wenn die Bougainvillea ganze Fassaden bedeckt.
Einkehr und Unterkunft: Kleine charmante Restaurants im Dorf. Verschiedene Hotels,

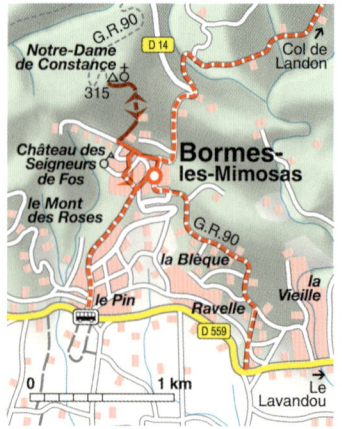

zum Beispiel Grand Hôtel, ✆ 04 94 71 23 72.
Sehenswertes: Blumen und Blüten.
Karte: TOP 25: Le Lavandou – Îles de Port-Cros et du Levant (3446 ET). Im Maison de Tourisme an der Place Gambetta ist ein Stadtplan mit Erläuterungen zum Circuit Touristique erhältlich.
Tipp: Am zweiten Sonntag im Februar Blumenkorso in Bormes-les-Mimosas. Am 18. August und 8. September Pilgerfahrt zur Kapelle der Heiligen Konstanze. Sa öffentliche Führung auf dem Circuit Touristique; in der Hauptsaison öfter; Informationen im Verkehrsbüro.
Anschlußtour: Der *GR 90* geht von der Notre-Dame des Anges über Collobrières nach Le Lavandou (Touren 25, 45). Von Maison Rusca im Tal von La Môle gelangt man auf dem *GR* in den Col de Landon und da auf verschiedenen Wegen über Pré de Roustan, La Pierre d'Avenon (443 m), Vallon de Landon und Coste Drèche nach Bormes-les-Mimosas (3 Std.). Von Bormes ist man auf dem *GR* in 45 Min. in Le Lavandou.

Ein touristischer Spaziergang, und doch mehr. Wir erweitern den *circuit touristique* durch das sehenswerte, blumengeschmückte und labyrinthi-

Blumenparade: Mimosen im Februar (links), Bougainvillea im Juni (oben).

sche Dorf Bormes-les-Mimosas um eine kleine Wanderung. Sie führt uns auf einem steingepflasterten Kreuzweg unter Eichen und Zypressen, Oliven- und Eukalyptusbäumen, Pinien und natürlich Mimosenbäumen zu einer Wallfahrtskapelle aus dem 12. Jahrhundert. Und zum sich gleich nebenan befindenden Aussichtspunkt oberhalb eines deutschen Bunkers. Die Besatzer müssen die Aussicht zu den Îles d'Or auch bewundert haben.

Der ausgeschilderte *circuit touristique* beginnt bei der Mairie (Rathaus) von **Bormes-les-Mimosas**, die sich im südlichen Teil der Place Saint-François befindet. Man folgt den Pfeilen an der Chapelle Saint-François vorbei zum **Château des Seigneurs de Fos** zuoberst im Dorf. Bei der Schloßruine zweigt der Weg (Wegweiser; auch *GR 90*) zur Pilgerkapelle ab: Nordwärts ein paar Meter auf einer Schotterpiste gehen, dann rechts auf den mit sechs Bildstöcken geschmückten Pilgerweg einbiegen. Er führt im Zickzack zur **Notre-Dame de Constance** (315 m) hinauf.

Man kommt auf dem gleichen Weg zum Schloß zurück und setzt den touristischen Rundkurs fort; er führt durch das verwinkelte, am Abhang liegende Dorf ins Zentrum von **Bormes-les-Mimosas** zurück.

Côte varoise: azurblaue Küste

»Die Côte d'Azur beginnt und das Paradies der Hotellerie, die Riviera der Fürsten und der Kommerzienräte von 1900 und die Strände der klassenlosen Urlaubsgesellschaft von heute, der verblichene Ruf von Nizza und der modische Schrei von Saint-Tropez.« Wolfgang Koeppens 1961 erstmals publiziertes Reisebuch »Reisen nach Frankreich« hat kaum einen Hauch von seiner Aktualität verloren, und schon gar nichts von der Loslust, die es vermittelt. Und es paßt noch gut in die Badetasche. »Alle französischen Ufer sind menschenfreundlich und frei. Der Sand ist nicht nach italienischer Weise in Parzellen aufgeteilt, verpachtet und abgesperrt, jedermann hat ungehindert Zugang zum Meer«. Natürlich: An der Plage de Pampelonne, den südlichen Strandmeilen von St-Tropez, reiht sich ein Club an den andern. Aber sie reichen nicht bis ganz ans Wasser. Vorne kann man immer noch vorbeischlendern.

Genau dies macht das Besondere des Küstenwanderns an der Côte varoise aus, also an jenem (westlichen) Teil der Côte d'Azur, der zum Département Var gehört. Sie reicht von Les Lecques bei Saint-Cyr-sur-Mer bis nach Le Trayas im Estérel; Kernstück ist der Abschnitt von der Halbinsel von Giens bis zur Halbinsel von St-Tropez mit den vorgelagerten Inseln von Hyères: Porquerolles, Port-Cros und Levant. Entlang der 432 km langen Var-Küste verläuft der *sentier du littoral*, Abschnitt für Abschnitt, auf rund 250 km.

Der Uferweg ermöglicht es, eine Côte d'Azur zu entdecken, wie sie einst war: eine rötlich und gelblich leuchtende Küste mit grünen Bäumen und weißer Gischt, wunderbar blaues Wasser, ein ebensolcher Himmel. Zudem gibt der *sentier du littoral* seinen Benützern das erhabene Gefühl, den Privatbesitzern ein Schnippchen zu schlagen. Wo er angelegt werden konnte, verläuft er nämlich meistens zwischen den Grundstücken und dem Wasser.

Und dann wandert man weiter, und weg ist der ganze Wohnsitzzauber. Der Wechsel der Gesellschaft und der Vegetation ist gerade an der Côte varoise verblüffend. Möglich wurde dies, weil Küstenabschnitte vor Überbauungsplänen gerettet werden konnten. Und weil das Konzept des *sentier du littoral* von 1976 im Loi Littoral von 1986 bestätigt wurde.

Das Cap Taillat ist mit dem Festland nur durch eine schmale Sandzunge verbunden und steht im Besitz des Conservatoire du Littoral. Hier können die Wanderer auf dem 38 Kilometer langen Weg um die Presqu'île de St-Tropez ungestört vorbeimarschieren (Tour 28).

Das Cap Lardier im gleichnamigen Naturschutzgebiet: Eindrücklich die pins parasols, die Schirmpinien, auf dem Abschnit vom Mas de Gigaro bis zur Plage du Brouis. Bäume, die diese Landschaft so ungemein bereichern, wenn sie nicht abgefackelt wurden. Von oben gesehen sehen sie aus wie ein grünes Meer, das mitten im Brodeln erstarrt ist. Das Wandern hier ist oft buchstäblich ein Eintauchen in eine grüne Wildnis: Wenn der Weg nicht aus dem Gebüsch herausgeschnitten wäre, gäbe es kein Durchkommen. Und dann, ein paar Stunden später am Cap Camarat: plötzlich die Aussicht auf die Meeralpen, auf die verschneiten 3000er am südlichen Ende des Alpenbogens (Tour 28).

Nördlich des Cap Camarat verlockt die Plage de Pampelonne mit ihren mal familiären, mal solitären Strandabschnitten. Manchmal fallen diejenigen mit Badekleidern auf, dann diejenigen ohne. Wanderer sind sowieso exotisch an diesen Traumstränden nicht nur von St-Tropez, sondern der Côte d'Azur überhaupt. Am besten sie ziehen ihre Stiefel aus und wandern eine Stunde lang über den Sand. Links der Geruch von Sonnenschutzmittel und Liebe, rechts von Meer und Motorbooten. Wer zwischen Bonne Terrasse und Plage de Tahiti in jedem Restaurant und jeder Bar einkehrt, wird nie ankommen. Wer den Verlockungen hingegen standhaft widersteht, wird im kontinentalfranzösischen Tahiti so müde Oberschenkel haben wie die Liegestuhlverkäufer Oberarme am Ende der Saison.

Savoir-vivre: Ein hübsches Paar orientiert sich an der Plage des Salins bei St-Tropez über den Uferweg, der zu genußvollen und geheimen Stränden führt.

Côte varoise: Das ist – en deux mots – Nacktbadestrände und Naturschutzgebiete. Port-Cros ist gar ein Nationalpark: der kleinste von Frankreich, und der einzige Europas, der nur aus Inseln mit dem umgebenden Wasser besteht. Eine Trauminsel zum Wandern: Der Hafen von Port-Cros ist hübsch, aber nach 10 Minuten hat man ihn gesehen. Nun macht man ein paar Schritte und ist draußen auf schattigen Wegen, die an Buchten vorbeikommen, von denen Nichtwanderer bloß träumen (Tour 29). Solche Badeplätze finden sich übrigens auch auf der Nachbarsinsel Porquerolles (Touren 30 und 31) sowie rund um die Halbinsel von Giens (Tour 32).

Wer an der Côte varoise nicht am Hauptstrand liegen bleibt, kommt an den schönsten, einsamsten, saubersten, wasserklarsten und windgeschützten Buchten vorbei. Erst dort legt man sich hin und nimmt den Koeppen hervor: »In jedem Augenblick steigt eine Venus, schaumgeboren, aus den Wellen«.

27 Cap de Saint-Tropez

Und immer lockt der Strand: zu Fuß statt mit der Jacht zur Plage de Tahiti

St-Tropez – Baie des Canebiers – Pointe de la Rabiou – Cap de St-Tropez – Plage des Salins – Pointe de Capon – Plage de Tahiti – St-Tropez

Ausgangs- und Endpunkt: St-Tropez (0 m); regelmäßige Busverbindung Toulon Gare SNCF – Hyères Gare Routière – St-Tropez [Sodetrav 103, ✆ 0825 000 650].
Gehzeiten: St-Tropez – Pointe de la Rabiou 1½ Std., Weiterweg zum Cap de St-Tropez ¾ Std., Cap de St-Tropez – Plage de Tahiti 1¼ Std.; Gesamtgehzeit 3½ Std. Für die direkte Rückkehr nach St-Tropez 1 Std.
Höhenunterschied: Rund 150 m.
Distanz: 12 km; dazu 4 km für die Rückkehr nach St-Tropez.
Anforderungen: Keine Schwierigkeiten; nur zwei, drei leicht ausgesetzte Stellen, wo man standfest sein sollte (bei der Pointe de Capon); zwei, drei Stellen, wo man bei starker Brandung vielleicht naß wird (südlich Cap St-Pierre). Der *sentier du littoral* ist gelb und gut markiert; man braucht keine Karte, nur die Badekleider – und auch die nicht unbedingt.
Beste Jahreszeit: Immer; vor allem dann, wenn Tausende von Gästen an einem einzigen Tag St-Tropez sehen wollen.
Einkehr: Restaurants an der Baie des Canebiers, an der Plage des Salins und an der Plage de Tahiti.
Unterkunft: In St-Tropez: Hôtel Le Colombier, ✆ 04 94 97 05 31. Bei der Plage de Tahiti: La Ferme d'Augustin, ✆ 04 94 55 97 00.
Variante: Von der Plage des Salins auf der Straße zurück in die Baie des Canebiers.
Sehenswertes: Die Hecks der Jachten, der Seemannsfriedhof, die Liegestühle der Plage de Tahiti: Da möchte man jetzt und dereinst liegen.
Karte: TOP 25: St-Tropez – Ste-Maxime – Massif des Maures (3545 OT).
Tipp: Musée de l'Annonciade – die Impressionisten malten das, was Wanderer und Novembertouristen in und außerhalb des ehemaligen Fischerdorfes noch heute sehen können; tägl. (außer Di) 10-12 und 15-19 Uhr; Nov. geschl. Und in die kleine Buchhandlung direkt am Hafen reinschauen – Maupassant, Colette, Sagan und Wanderführer.
Anschlußtouren: 28, 45.

Eine sehr abwechslungsreiche Küstenwanderung. Im Hafen von St-Tropez den Reichen zuschauen, wie sie auf See wohnen, und dann auf dem *sentier du littoral* sehen, wie sie an Land residieren. Vor der Plage de Tahiti, einem ganz heißen Pflaster des Strandlebens von St-Tropez, entdecken die Randonneurs wieder die teuren Boote. Sie haben – wie exklusiv – auch das Cap St-Tropez umrundet. Und dann ist da plötzlich nur mehr die felsige Küste mit der intensiv duftenden Mittelmeer-Vegetation.

Im Hafen von **St-Tropez** zur Tour du Portalet am Beginn der Mole gehen. Hinunter zum Meer und außen an den Häusern und am Tour Vieille in den

Port de Pêche und hinauf auf ein Sträßchen; hierher auch durch die Gassen der Altstadt. Am cimetière marin (Seemannsfriedhof) vorbei und hinunter in die kleine Bucht Plage des Graniers. Nun folgt man dem Küstenpfad in die **Baie des Canebiers**.

Auf dem Sand oder dem Sträßchen vorankommen, sich durch das Villenviertel L'Estagnet schlängeln, an der Batterie St-Pierre vorbei und durch einen Torbogen hindurch zum Cap St-Pierre spazieren. Unterhalb von privaten Stützmauern, die den Festungstürmen von St-Tropez gleichen, zur **Pointe de la Rabiou**. Entlang der Calanque de la Rabiou mit mehreren kleinen Buchten zur Pointe de l'Ay. Weiter entlang der Felsküste, dann über den Plage de la Moutte zum **Cap de St-Tropez**.

Am Cap des Salins vorbei zur wunderschönen **Plage des Salins**. Am Ende des Strandes kurz eine Straße benützen, bevor man links die Fortsetzung des *sentier du littoral* findet. Auf dem schmalen, steinigen Pfad rund um die **Pointe de Capon** kommen reine Strandläufer arg ins Schwitzen. Nach der Batterie de Capon führt ein guter Weg im Pinienwald zum **Cap du Pinet**. Der Küstenpfad erreicht schließlich unterhalb von Villen direkt die **Plage de Tahiti**, wo es noch öffentlich zugänglichen Sand gibt; man darf sich auch in einen der Clubs vorwagen.

Für die Rückkehr nach St-Tropez bieten sich fünf Möglichkeiten an: Zu Fuß auf der Autostraße »Chemin de la Belle Isnarde«, im Auto einer Schönen, auf der Jacht eines Reichen, mit dem Taxi (nur in der Hochsaison) oder wieder auf dem *sentier du littoral*.

28 Cap Lardier – Cap Camarat – Cap de St-Tropez

In zwei Tagen auf dem sentier du littoral um die Presqu'île de St-Tropez

Cavalaire-sur-Mer – Le Mas de Gigaro – Cap Lardier – Plage de l'Escalet – Cap Camarat – Plage de Pampelonne – Cap de St-Tropez – St-Tropez

Ausgangspunkt: Cavalaire-sur-Mer (0 m) an der Küstenstraße D 559 von Le Lavandou nach St-Tropez. Bus von Toulon Gare SNCF über Hyères Gare Routière [www.varlib.fr, ✆ 08100 006 177].
Endpunkt: St-Tropez (0 m); vgl. Tour 27.
Gehzeiten: Cavalaire-sur-Mer – Le Mas de Gigaro 2 Std., Gigaro – Plage de l'Escalet 3 Std., Escalet – Bonne Terrasse 2¼ Std., Bonne Terrasse – Plage de Tahiti 1 Std., Küstenweg nach St-Tropez 3½ Std.; Gesamtgehzeit 11¾ Std.
Höhenunterschied: Rund 750 m.
Distanz: 38 km.
Anforderungen: Trittsicherheit für den teilweise ausgesetzten Küstenpfad, Standfestigkeit für die kilometerlangen Sandstrände. Gelb markiert.
Beste Jahreszeit: Immer; vom Herbst bis Frühling eingeschränkte Einkehr- und Unterkunftsmöglichkeiten.
Einkehr: Plages de Gigaro, de l'Escalet, de Pampelonne et des Salins.
Unterkunft: In L'Escalet: Hôtel l'Amphore, ✆ 04 98 12 90 90; Camping Caravaning La Cigale (mit Bungalows), ✆ 04 94 79 22 53.

Beim Cap Camarat: Camping Les Tournels, ✆ 04 94 55 90 90. An der Plage de Tahiti und in St-Tropez: vgl. Tour 27.
Variante: Start beim Alliierten-Denkmal (1944) in der Ostecke der Plage du Débarquement; Bushaltestelle La-Croix-Valmer Plage; der Weg nach St-Tropez wird so 45 Min. kürzer. Wer nur das Cap Lardier besuchen will, kehrt am besten auf dem sentier du littoral nach Le Mas de Gigaro zurück (3 Std. hin und zurück); der nach der Karte mögliche Rückweg über La Bastide Blanche zur Plage du Brouis führt über Privatbesitz. Vom Leuchtturm des Cap Camarat startet man zu einer gut zweistündigen Rundtour.
Sehenswertes: Wilde und wohlgeformte Natur- und Körperlandschaften.
Karte: TOP 25: St-Tropez – Ste-Maxime – Massif des Maures (3545 OT).
Tipp: Im Naturschutzgebiet Cap Lardier ist es verboten, Feuer und Raucherwaren zu entfachen. Leuchtturm des Cap Camarat, April – Sept. 10-12 und 14-18 Uhr, Okt. – März 14-16 Uhr.
Anschlußtouren: 27, 45.

Von der falschen Seite nach St-Tropez kommen, direkt in den Hafen, und erst noch zu Fuß. Bonjour tristesse? Mitnichten! Die Zweitagewanderung rund um die ganze Halbinsel von St-Tropez – man nennt sie auch Presqu'île de Ramatuelle – ist so fein wie der Sand am kilometerlangen Strand von Pampelonne, wo die schönsten Menschen und Motorjachten vor Anker liegen. Aber im Herbst ist im »Tabou« oder in der »Liberty« tote Hose. Als immer gleich stimulierend und unversehrt hingegen erfahren Wanderer den *sentier du littoral*, insbesondere am Cap Lardier zu Beginn des Küstentrekkings. Der Weg führt manchmal wenige Meter oberhalb der heranklatschenden Wellen: nur Wasser und Wind in einer stacheligen, grünen Landschaft, der die Pins parasols ein unverwechselbares Gepräge geben. Abseits überbauter Küste durch das 1975 geschaffene und seither erweiterte Naturschutzgebiet, das Conservatoire du Littoral du Cap Lardier, gehen: Das ist unbedingt so sehenswert wie der Film »Et Dieu créa la femme«, den Roger Vadim 1956 mit BB an der Plage de Pampelonne schuf.

In **Cavalaire-sur Mer** zuerst entlang dem Meeres-Boulevard; sobald als möglich hinab auf die kilometerlange Plage du Débarquement. Auf dem Sand oder auf dem Weg gleich nördlich davon bis **La-Croix-Valmer Plage**. Weiter bis in die äußerste Ecke der Plage du Débarquement. Auf dem *sentier du littoral* geht man in einem ständigen Auf und Ab, meistens entlang von Grundstücken, an

Geschützte Bäume: Schirmpinien beschatten den sentier du littoral zum Cap Lardier.

drei wenig ausgeprägten Vorsprüngen vorbei zur Plage Héraclée. Bald darauf wird der Bach aus dem Vallon de Valescure gequert. Auf der Plage de Gigaro bis in ihre Ostecke, **le Mas de Gigaro** genannt (Parkplatz).
Nun betritt man das Naturschutzgebiet Cap Lardier des Conservatoire du Littoral; Schautafeln (auch auf Deutsch) am Eingang. Auf dem wunderschönen Weg entlang der felsigen Küste, um die **Pointe du Brouis** herum, zur Plage de Brouis. Kurz danach erfolgt ein steiler Aufstieg oberhalb senkrechter Kliffs auf eine bewaldete Hochebene (etwa 100 m), wo verschiedene Wege abzweigen. Westlich eines Gipfels (144 m) mit den Überresten eines Leuchtturms vorbei- und gegen das **Cap Lardier** hinabgehen; die Vegetation wird dünner und windgepeitschter. Das Cap selbst (eine »Réservée biologique« mit Nist- und Brutplätzen für Küstengefieder) ist für Wanderer gesperrt; es hat Absperrungen mit Drahtverhauen.
Der streckenweise ausgesetzte *sentier du littoral* zieht nordostwärts oberhalb felsiger Buchten an den Rand des Plateau de l'Huissière (Weinberge) und erreicht schließlich die Plage de la Briande. Hinter einem Felsriegel liegt die sandige **Landenge des Cap Taillat** (oder Cap Cartaya); die Fast-Insel ist auf einem Pfad zugänglich. Nach der kleinen Plage des Douaniers steigt der Wanderweg oberhalb der Pointe de la Douane und teilt sich: der gelb markierte Weg verläuft in der Höhe, der blaue folgt mehr oder weniger dem Ufer. Schließlich gemeinsam zwischen Villen und Brandung zur **Plage de**

l'**Escalet**; um zum Hôtel Amphore und Camping La Cigale zu gelangen, folgt man vom Strand 10 Min. der Zufahrtstraße bis auf eine Anhöhe (64 m).
Der Küstenpfad schlängelt sich nach Schiffsgaragen durch rote Granitblöcke in die Bucht von Pébriet; unterwegs kommt man vorbei am Roche Escudelier mit Erinnerungsplakette an die in den Jahren 1943/44 mit Unterseebooten hergestellte Geheimverbindung zwischen der Résistance im Massif des Maures und der französischen Exilarmee. Der oft schmale und teilweise mit Treppen gebaute *sentier du littoral* begleitet so nah als möglich die teilweise jähe Küste; einzelne Stichwege von Villen führen zum Wasser. Rund um das **Cap Camarat** mit seinem rosarötlich bis bräunlich verwitterten Granit sind die urbanen Spuren selten; kurz nach dem Kap zweigt links der Pfad zum Leuchtturm ab (30 Min.).
Entlang der Felsküste mit unzugänglichen Buchten und einem eingeschnittenen Bachbett nach **Bonne Terrasse**; der Weg ist streckenweise ausgesetzt und sehr steinig. Die Pointe de la Bonne Terrasse umrunden. Man kommt so zur Südecke der **Plage de Pampelonne**. 4 km Sandwanderung, wobei gleich zu Beginn die Mündung des Baches Gros Vallet ins Meer nasse Füße verursachen kann, zur **Plage de Tahiti**. Wie bei Tour 27 auf dem *sentier du littoral* nach **St-Tropez**.

Unverbaute Küste: Vom Cap Camarat ist es nicht weit zur Plage de Pampelonne.

29 Île de Port-Cros

Auf genialen Wanderwegen rund um einen Nationalpark

Port-Cros – Plage de la Palud – Baie de Port Man – Fortin de la Vigie – Pointe du Cognet – Plage du Sud – Port-Cros

Ausgangs- und Endpunkt: Port-Cros (0 m). Regelmäßige, ganzjährliche Schiffverbindung von Le Lavandou [Vedettes Îles d'Or, ⓒ 04 94 71 01 02]; im Sommer auch Kurse von Cavalaire-sur-Mer und La Croix-Val-mer-Plage) nach Port-Cros. Ebenfalls regelmäßige Verbindung nach Port-Cros vom Port d'Hyères [Transport Littoral Varois, ⓒ 04 94 58 21 81]. Die Ausgangshäfen sind ins Busnetz eingebunden [Toulon – Hyères – Le Lavandou bzw. Stadtbusse von Hyères: Linie Gare Routière – Gare SNCF – La Tour Fondue; www.reseaumistral.com]. Zudem gibt es eine Direktverbindung von Porquerolles nach Port-Cros [Le Batelier de la Rade, ⓒ 04 94 46 24 65]. Fahrpläne unter www.tlv-tvm.com.
Gehzeiten: Weg nach Baie de Port Man 1½ Std., Aufstieg zum Fortin de la Vigie 1 Std., Rückkehr nach Port-Cros 1¾ Std.; Gesamtgehzeit 4¼ Std.
Höhenunterschied: 550 m.
Distanz: 17,5 km.
Anforderungen: Ein bißchen Ausdauer, ein bißchen Trittsicherheit.
Beste Jahreszeit: Immer.
Einkehr und Unterkunft: Verschiedene Restaurants. Hôtel le Manoir d'Hélène, ⓒ 04 94 05 90 52.
Variante: Île du Levant; mit den gleichen Schiffen wie für Port-Cros erreichbar. Die zivilen 10 Prozent der Insel sind FKK-Gelände und wenig wandergeeignet.
Sehenswertes: Eine grüne Insel im blauen Wasser – Côte d'Azur wie sie einst war, lange bevor sie diesen Namen erhielt.
Karte: TOP 25: Le Lavandou – Parc National de Port-Cros – Corniche des Maures (3446 ET).
Tipp: Rauchen, Feuer machen, zelten und Blumen pflücken ist strikt verboten. Besuch des Unterwasserparks mit dem gläsernen Aquasope, ⓒ 04 94 05 92 22. Das Fort de l'Estissac (mit Meeresausstellung) kann von Juni bis Sept. besucht werden. Unbedingt lesen: »Die Tochter des Jägers« von Lukas Hartmann, 2002; auch als Taschenbuch.

Zum 1963 gegründeten Nationalpark Port-Cros gehört nicht nur die 4,5 mal 2 km große Hauptinsel, sondern auch die kleine Île de Bagaud (sie darf nicht betreten werden) sowie 1800 Hektar Meer. Zudem hat der französische Staat vier Fünftel der Île de Porquerolles dem Parc national de Port-Cros vermacht; dieser verwaltet im weiteren die 275 Hektaren des Cap Lardier, die dem Conservatoire du Littoral gehören. Die staatlich geschütze Unterwasserwelt auf Port-Cros kann auf dem eingerichteten *sentier sous-marin* bewundert werden. Wanderer bleiben an der Oberfläche und an Land, entdecken eine ursprüngliche und verschiedenartige Vegetation. 530 einheimische Pflanzen wachsen auf dem Eiland, darunter ein paar, die nur dort vorkommen. Stark verbreitet sind Strandkiefern und Erdbeerbäume. In den Wanderwegalleen vermischt sich das Rauschen der Blätter mit demjenigen der Brandung.

Vom Hafen von **Port-Cros** schlagen wir nordwärts den *sentier des plantes* ein. Er führt am bewohnten Fort du Moulin vorbei und steigt entlang dem Küstenverlauf zum Fort de l'Estissac (82 m). Auf dem linken der beiden Wege hinunter zur **Plage de la Palud**. Am Nordende des Strandes über einen Treppenweg hoch und in der dichten Vegetation zum Col de la Galère (87 m); Wegkreuzung. Nordostwärts zuerst weiter noch im dichten Eichenwald, doch bald mit schönen Blicken zum Meer zu einer Lücke oberhalb der **Pointe de la Galère**. Der Pfad sinkt gegen die Küste ab und folgt ihr in die **Baie de Port Man**; schöner Bade- und sehr beliebter Ankerplatz.

Am Ostende des Strandes über einen befestigten, etwas ausgesetzten Pfad rasch hinauf zu einem Sträßchen. Es führt über den Col de la Marma (121 m) in den Col des Quatre Chemins (116 m), wo man auf die Zufahrtsstraße zum **Fortin de la Vigie**, dem höchsten Gipfel (199 m) der Insel, gelangt (Zutritt in die Festung nicht möglich).

Kurz auf dem gleichen Weg zurück und gegen den Helikopterlandeplatz, den man links liegen läßt. Kurz drauf kommt man zu einem eindrücklichen Aussichtspunkt schier 200 m senkrecht oberhalb des Wassers. Weiter westwärts entlang der Steilküste absteigen, wobei der Pfad mehrheitlich auf ihrer bewaldeten Rückseite verläuft; mehrere Gegenanstiege, nach rechts abzweigende Nebenrouten und immer wieder atemberaubende Tiefblicke. Schließlich kommt man zur Abzweigung links zur **Pointe du Cognet**; der Abstecher lohnt sich unbedingt.

Wieder zurück zum *sentier du littoral*, der nun an der Ancienne Batterie du Sud vorbei die **Plage du Sud** erreicht. Der *sentier forestier* bringt über die Falschgeld-Bucht sicher zurück in die Hafensiedlung **Port-Cros**.

30 Île de Porquerolles – circuit culturel

Spaziergang zu kulturellen und botanischen Sehenswürdigkeiten

Village – Conservatoire botanique – Phare – Fort Ste-Agathe – Village

Ausgangs- und Endpunkt: Porquerolles (0 m). Am schnellsten erreichbar mit dem Schiff (20 Min.) von La Tour Fondue [Transport Littoral Varois, ℂ 04 94 58 21 81, www.tlv-tvm.com]. Nach La Tour Fondue gelangt man von Hyères mit dem Auto oder dem Bus vom Gare Routière mit Halt am Gare SNCF; von Toulon nach Hyères mit dem Zug oder mit den Buslinien 29, 39 oder 102, wobei man je nach Linie im Gare Routière oder im Gare SNCF in den Bus nach La Tour Fondue umsteigt [www.reseau-mistral.com]. Porquerolles erreicht man mit dem Schiff auch direkt von Toulon [Le Batelier de la Rade, ℂ 04 94 46 24 65] und von Le Lavandou, von Cavalaire-sur-Mer sowie von La-Croix-Valmer-Plage [Les Vedettes Îles d'Or, ℂ 04 94 71 01 02]; diese Schiffe fahren meistens nur im Sommer (gilt auch für die Verbindung von Porquerolles nach Port-Cros; vgl. Tour 29).

Gehzeit: 2 Std.
Höhenunterschied: 120 m.
Distanz: 7 km.
Anforderungen: Keine.
Beste Jahreszeit: Immer. Saison von Mitte April bis Mitte Oktober, mit voller Belegung über die Feiertage und im Hochsommer. Im

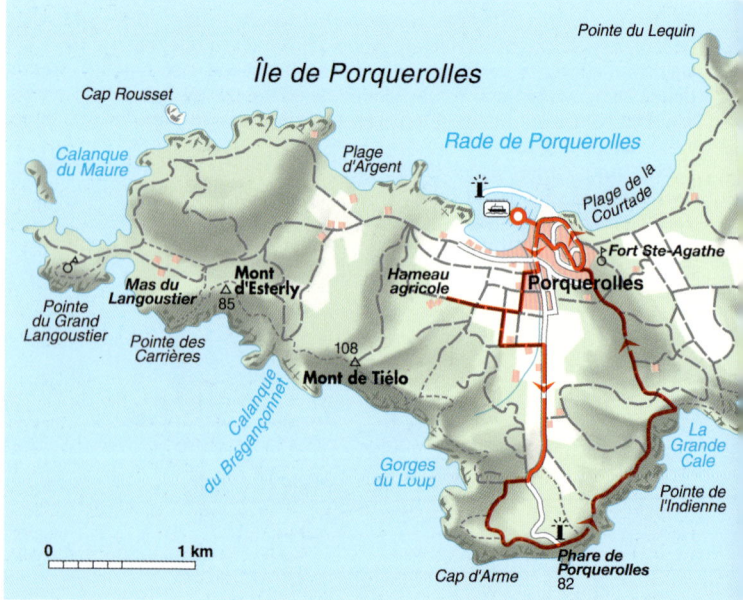

Trauminsel für Radfahrer: Mit dem vélo à louer von der Langoustier-Spitze rollen.

Winter – mit Ausnahme von Weihnachten – ist das Dorf wie ausgestorben.
Einkehr: Rund um die Place d'Armes viele Läden und Restaurants; in der »L'Arche de Noë« kehrten Simenon und Maigret ein.
Unterkunft: Auberge les Glycines (die beste Adresse im Dorf; gediegene Zimmer, Innenhof) ℃ 04 94 58 30 36; Sainte Anne (oben an der Place d'Armes) ℃ 04 94 04 63 00; Café Porquerollais (die günstigste Bleibe) ℃ 04 94 12 32 70. Wer's exklusiv mag, residiert im Mas du Langoustier fernab des Dorfes ℃ 04 94 58 30 09. Ferienwohnungen, z. B. Les Clos des Galejades, ℃ 04 94 58 30 20.
Variante: Radfahren: Die vielen breiten Wege und Sträßchen laden geradezu zum Fahren ein. Das autofreie Porquerolles – nur Autos im Diensteinsatz dürfen fahren – lebt vom Radverleih. Im Hochsommer sind die rund 1500 Mieträder ab Mittag ausgebucht. Die Mitnahme des eigenen Rades auf dem Schiff kostet ungefähr genausoviel wie die Miete eines normalen Rades.
Sehenswertes: Die viereckige Place d'Armes mitten im Dorf, früher der Exerzierplatz; heute spielen die Einheimischen Boule, während die Touristen auf der Umfriedung sitzen, Karten schreiben und »Mein Freund Maigret«, »Die Ferien des Monsieur Mahé« von Georges Simenon lesen. Oder die auf der Insel erhältliche Biographie »L'Homme de Porquerolles« von William Luret über den Belgier François Fournier, der 1912 Porquerolles kaufte, um es seiner Frau zu schenken und so die Insel vor der industriellen und touristischen Ausbeutung zu retten.
Karte: TOP 25: Hyères – Île de Porquerolles (3446 OT). Im Bureau d'Informations (über Mittag geschlossen) beim Dorfeingang ist für 10 FF eine gute Karte im Maßstab 1:27.000 mit Rad- und Fußwegen erhältlich.
Tipp: Phare de Porquerolles: April – Nov. tägl. 10 (besser 11)-12 und 14-16, manchmal 17 Uhr; natürlich ist er auch im Winter in Betrieb. Conservatoire botanique national: Obstgärten (mit ein paar Ausnahmen) und Blumengarten sind tagsüber frei zugänglich; die Informationsausstellung Juni – Sept. offen (Führungen); ℃ 04 94 58 31 16. Fort Ste-Agathe: Museum zur Meeresarchäologie (Öffnungszeiten im Tourismusbüro). Weine (alle Côtes de Provence A.O.C.) der drei Weingüter Domaine de l'Île, Domaine Perzinsky und La Courtade: die Weine der beiden letzteren können beim Hersteller degustiert werden; Verkauf in den Dorfläden. Rauchen außerhalb des Dorfes verboten.
Anschlußtour: 31.

... für Feinschmeckerinnen: Brombeeren vom Strauch.

Die Trauminsel für Spaziergänger. Porquerolles liegt auf dem gleichen Breitengrad wie das Kap Korsika, der 1823 erbaute Leuchtturm ist der südlichste Punkt der Küste zwischen Menton und Marseille. Er wird bewohnt, darf aber auch besucht werden. Das ist ein Geheimis von Porquerolles: Die Insel hat die richtige Mischung von Einheimischen und Touristen. Tagsüber dominieren die Ausflügler, am Abend kehrt Ruhe im Dorf ein, und die Fremden dürfen sich als Gäste fühlen. Wenn sie am nächsten Morgen früh losziehen, werden sie ganz alleine mit Fasanen und Hasen sein. Das Fort Ste-Agathe, die älteste Festung der Insel, geht auf das 5. Jahrhundert zurück. Erst seit 1979 gibt es das Conservatoire botanique national; der französische Staat hat das 1000 Hektar umfassende Gebiet (das sind vier Fünftel der Insel) 1971 gekauft und es als Schenkung dem Nationalpark von Port-Cros übergeben. Das nationale botanische Museum sammelt unter anderem die (gefährdeten) Pflanzen des (französischen) Mittelmeerraumes und kultiviert Plantagen mit Dattelpalmen, mit 22 verschiedenen Mandel-, 60 Aprikosen-, 100 Oliven-, 154 Feigen-, 200 Pfirsichbäumen und 50 Brombeersträuchern.

Von der Anlegestelle auf **Porquerolles** ins Dorf hinein. An der Place d'Armes vorbei, dann rechts ins Sträßchen Richtung Plage d'Argent. Nach 150 m links in den Feldweg zum Weingut Perzinsky einbiegen. Links daran vorbei zu einem Schottersträßchen, das beim **Hameau agricole** (mit dem **Conservatoire botanique nationale**) in eine Allee mit breit ausladenden Bäumen übergeht. Nach dem Besuch der Ausstellung (hier erfährt man auch, welche Früchte reif sind und welche genau man probieren darf) zurück zur Allee und zum Sträßchen; auf ihm bis zum Eingang der Baumkollektionen. Geradeaus zu einem Tisch unter schattigen Bäumen; rechts daneben Brombeerbäume. Hinauf auf einen Weg (er kommt vom Friedhof) und ostwärts zur Allee. Sie führt südwärts gegen den Leuchtturm. Wo die Route richtig zu steigen beginnt, verläßt man sie rechts gegen die Gorges zu Loup, nimmt aber bei der nächsten Verzweigung den linken Fußweg. Er führt zur Südküste und mündet schließlich wieder ins Zufahrtssträßchem zum **Phare de Porquerolles** (82 m).

Ein paar Meter nördlich des Leuchtturms biegen wir auf die Fortsetzung des Südküstenpfades ein, der hoch oberhalb des Wassers zur Pointe de l'Indienne leitet. Weiter über den Rand der beiden Buchten von Grand Cale. Von der **Grande Cale Est** (dort, wo große Blöcke den Weiterweg in den Abgrund versperren) nordwärts auf einem von Schirmpinien gesäumten Weg zum Carrefour des Quatre Chemins und hinauf ins **Fort Sainte-Agathe** (57 m). Wer direkt ins Dorf will, nimmt den auf der Nordseite der Festung beginnenden Weg. Wer baden will, geht kurz gegen den Carrefour zurück, bis ein Weg ost-, dann nordwärts zur Plage de la Courtade sinkt. Zuletzt auf dem Sträßchen direkt in den Hafen von **Porquerolles**.

... für Romantiker: Abendstimmung mit Hotel und Fort Ste-Agathe.

31 Île de Porquerolles – circuit naturel

Küstentrip auf »geheimen« Pfaden fast rund um die ganze Insel

Dorf – Silber-Strand – Piratenloch – Langoustier-Halbinsel – Brégançonnet-Bucht – Leuchtturm – Gotteshaus-Bucht – Salinen-Berg – Strände von Notre-Dame, Alycastre und Courtade – Hafen

Trauminsel für Segler: Croissants besorgen, bevor der Mistral die See aufwühlt. Der Berg am Horizont ist der Coudon.

Ausgangs- und Endpunkt: Porquerolles (0 m); vgl. Tour 30.
Gehzeiten: Porquerolles – Pointe du Grand Langoustier 1½ Std., Westspitze – Phare de Porquerolles 1¾ Std., Leuchtturm – Mont des Salins 1 Std., Rückkehr nach Porquerolles 1¼ Std.; Gesamtgehzeit 5½ Std.
Höhenunterschied: Rund 600 m.
Distanz: 20 km.
Anforderungen: Gefragt ist neben einem sicheren Tritt ein Auge für den machbaren Küstenpfad, der manchmal direkt am oder oberhalb des Wassers verläuft, manchmal auch im Unterholz dahinter. Ein Buschmesser braucht's nicht, eher schon kratzfeste Oberschenkel. Streckenweise markiert.
Beste Jahreszeit: Immer.
Einkehr: Im Dorf; Buvette an der Plage d'Argent. Keine Quelle unterwegs.
Unterkunft: Vgl. Tour 30.
Variante: Abenteuerliche Umrundung des Ostzipfels: Vom Rand der Calanque des Salins auf Dickichtpfad über die drei Monts Sarranier. Vom Ostgipfel (129 m) weglos durchs Unterholz und über Felsen südostwärts in ein Tälchen hinab, auf Wegspuren hinauf zur Pointe des Gabians und hinab zur kieseligen Plage de la Galère. Hinüber zur Crique de la Galère und hinauf in den Col de la Galère. Auf Pfad, der rechts von Zufahrtssträßchen abzweigt, über Anhöhe hinweg in den Col du Galéasson. Auf Fahrweg – immer etwas unterhalb der Kamm- und Schusslinie – zum nördlichsten Artilleriewerk (Ruine). Auf einem Dickichtpfad nord-, dann westwärts hinab aufs Norduferstrüsschen; nach links zur Plage Notre-Dame, nach rechts zum Cap des Mèdes. 2 Std, 6 km. Die Überschreitung des Mont des Mèdes (134 m) erfordert Fels- und Baumkletterei.
Sehenswertes: Draußen an der Küste: nur das Wasser, der Wind, der Pfad.
Karte: Vgl. Tour 30.
Tipp: Rauchen außerhalb des Dorfes nicht gestattet. Zelten und Biwakieren verboten.
Anschlußtouren: 30, 45.

Die Trauminsel für Wanderer. Porquerolles ist 7,5 km lang, 2 bis 3 km breit und damit die größte Insel der îles d'Or, des goldenen Archipels von Hyères. Die Nordküste ist flach, mit drei großen, paradiesischen Stränden; die Südküste abrupt, mit bis zu 100 Meter hohen Klippen. 80 km Pfade, Wege und Sträßchen verlaufen auf der Insel, die wie ein riesiges Schiff vor dem halb azurblauen, halb villenübersäten Festland ankert. Auf Porquerolles gibt es einiges zu tun, vor allem auch dann, wenn man in jeder Geheimbucht verweilen möchte; nur wer mit dem Schiff um die Insel fährt, entdeckt noch mehr. Die gelben Wegweiser stehen an vielen Kreuzungen, und oft steht drauf: village. Damit man immer wieder ins Dorf zurückfindet. Die Kilometerangaben sind allerdings nicht immer verläßlich.

Von der Anlegestelle auf **Porquerolles** ins Dorf hinein. An der Place d'Armes vorbei, dann rechts. Am Ende der Teerstraße rechts in die Voie sans issue. Nach vorne, zuletzt zwischen Zaun und Hecke, ans Meer. Auf schmalen Pfaden und Buchten zur **Plage d'Argent**; das Halbinselchen Pointe Prime kann umrundet werden. Entlang dem ganzen Silberstrand. Über einen Felssporn in die nächste Bucht, die **Anse Bon Renaud**. An ihrem Ende links hinauf auf einen breiten Weg (*Voie à Langoustier par le bord de la mer*). Ihm ein paar Meter folgen, dann auf einem Pfad in der Vegetation hinab zur **Crique de l'Aiguadon** (kleine Bucht). Wieder auf Pfad direkt am Meer entlang, über scharfkantige Schieferfelsen gleich rechts des Unterholzes, manchmal auch quer hindurch. Man kommt in die Crique d'Aiguade. Kurz

... für Badenixen: Sandstrände in jeder Länge und an allen Lagen warten.

danach könnte man – bei sanfter See – zum Cap Rousset hinüberspringen. Immer am Meer entlang bei zwei weiteren Buchten vorbei. Kurz nach der zweiten, der **Calanque du Maure**, geht es nicht mehr weiter: zu steil ist die Klippe. Gleich links davon gelangt man durch ein Wegstück im Wald hinauf auf den *Langoustier-Weg*, vorbei am falschen **Piratenloch** (zum richtigen Trou des Pirates gelangt man etwas weiter vorne – wer es wagt, kann durch diesen Stollen auf Treppenstufen zum Meer absteigen). Auf dem *Langoustier-Weg* am besten zur Langoustier-Halbinsel, obwohl immer wieder Pfade durchs Gebüsch ans Ufer weglocken, die teilweise miteinander verbunden werden können. Über die Landenge der **Presq'île de Langoustier** und geradeaus bis zuvorderst auf die **Pointe du Grand Langoustier**.
Für den Rückweg folgen wir Pfaden zur Langoustier-Festung. Bei der Südostecke der Ruine beginnt der Pfad, der in sehr dichter Vegetation zur Landenge zurückführt; unterwegs zweigen Seitenpfade zu geheimen Buchten und zuletzt zur Plage Noire ab. Ein paar Meter nördlich des Eingangs zum privaten Mas du Langoustier zweigt ostwärts ein unmarkierter Pfad ab. Er führt durch Wald, kommt links an Tennisplätzen vorbei zu einer Kreuzung: mehr oder weniger geradeaus und aufwärts zu einem kleinen Steinbruch, dann etwas rechtshaltend zu einem leeren, riesigen Wasserbecken. Darauf schlägt man den rechten Pfad ein, der bachbettähnlich aufwärts führt.

Schließlich quert man das Zufahrtssträßchen zum Mas de Langoustier und steigt auf dem Wanderweg Richtung Pointe des Carrières und Brégançonnet an. Man kommt zur Abzweigung zur **Pointe des Carrières**, zu der sich ein schmaler, ziemlich überwachsener Pfad über eine Anhöhe hinweg vorwagt (der Abstecher lohnt sich!). Zurück zur Abzweigung und ostwärts zur **Calanque du Brégançonnet**, die mit dem Abstieg vom Mont d'Esterly (85 m) erreicht wird. Von der Brégançonnet-Bucht noch kurz ostwärts auf dem breiten Zugangsweg, dann aber rechts in einen Pfad einbiegen. Er führt im Zickzack auf den **Mont de Tiélo** hinauf, zuerst auf den Westgipfel (106 m; sehr schöner Aussichtspunkt) und dann zum Hauptgipfel (108 m; Ruine eines Wachtturmes). Vom Gipfel an der Steilküste entlang in einen Sattel; von unten kommt ein breiter Weg vom Hameau agricole herauf. Zuerst weiter im dichten Wald ansteigend, dann absteigend mit kleineren Gegensteigungen, mal im Wald, mal in mannshoher Vegetation – und immer wieder mit schönen Blicken auf die zerfurchte Schieferküste. Man gelangt zur **Gorges du Loup**; die Wolfschlucht ist eine kurze, steinige und mäßig geneigte Rinne, die in eine felsige Bucht hinabsinkt. Vom Papierkorb beim Sandplatz – dort, wo der breite Zugangsweg zur Gorges du Loup herabkommt, südwärts hinab zu einem Wasserlauf und auf der anderen Seite zu einem schmalen Pfad hoch. Er führt uns in kurzer Zeit zum **Phare de Porquerolles** (82 m); unterwegs ist noch ein Abstecher zur Klippe von Chevreaux möglich.

Ein paar Meter nördlich des Leuchtturms biegen wir auf die Fortsetzung des Südküstenpfades ein, der hoch oberhalb des Wassers zur **Pointe de l'Indienne** leitet. Weiter über den Rand der beiden Buchten von Grand Cale zum Sträßchen, das vom Dorf herkommt. Man folgt ihm kurz, bleibt aber immer rechtshaltend, geht um die **Pointe de l'Oustau de Diéu** herum und dann in die gleichnamige Calanque hinunter. Von der Kieselbucht in einem Hohlweg kurz landeinwärts, bis rechts ein Pfad ins Gebüsch hineinzieht. Er zickzackt zum **Mont des Salins** (127 m) hinauf.

Links vom Gebäude sehr steil hinab bis zu einer Zisterne am Ende eines Sträßchens, das an die unzugängliche Calanque des Salins kommt. Hier hört der Südküstenpfad auf; die Fortsetzung über die Monts Sarranier zur Plage de la Galère ist deutlich schwieriger; vgl. Variante. Vom Rand der **Calanque des Salins** nordwärts am Rande der Plaine de Notre-Dame zur **Plage Notre-Dame**. Westwärts auf dem Sträßchen (direkt um die Pointe du Pin geht nicht), bis rechts ein Pfad (leicht zu übersehen) zur **Plage de l'Alycastre** hinabsinkt. Von seiner Westecke durchs Dickicht auf den Zugangsweg zum **Fort Alycastre** hinauf. Außen um die Festung herum, dann rechts in einen Pfad einbiegen, der durch sehr dichte Vegetation und oberhalb von Kliffs westwärts zieht. Man kommt auf den Zufahrtsweg zum geschlossenen Fort du Lequin und folgt ihm, bis rechts ein Weg zur **Plage du Lequin** abzweigt. Weiter zur **Plage de la Courtrade**. Zuletzt auf einem Pfad direkt ein paar Meter oberhalb des Wassers in den Hafen von **Porquerolles**.

32 Presqu'île de Giens

Erfrischender Küstenweg, auf dem man hautnah Gischt und Pinien spürt

Plage de la Badine – La Tour Fondue – Giens – Port du Niel – Pointe Escampobariou – La Madrague – Port du Niel – Giens

Ausgangspunkt: Haltestelle La Badine (0 m) an der D 97 von Hyères nach La Tour Fondue, dem Hafen für Porquerolles; bei der Abzweigung der Straße nach La Madrague. Mit dem Bus von Hyères Gare Routière über Gare SNCF (hierher mit dem Zug oder dem Bus von Toulon) Richtung La Tour Fondue/Giens Village; die Busse bedienen je nach Kurs beide oder nur eine Station [www.reseaumistral.com]. An bestimmten Tagen gibt es zwischen La Madrague und Giens Busverbindungen.
Endpunkt: Giens (50 m); Bus über La Badine nach Hyères.
Gehzeiten: La Badine – La Tour Fondue 1¼ Std., La Tour Fondue – Giens 1½ Std., Giens – Pointe Escampobariou – La Madrague 3 Std., La Madrague – Giens 1¼ Std.; Gesamtgehzeit 7 Std.
Höhenunterschied: Aufstieg 500 m, Abstieg 450 m.
Distanz: La Badine – La Tour Fondue 3,5 km, La Tour Fondue – Giens 4,5 km, Giens – Pointe Escampobariou – La Madrague 9 km, La Madrague – Giens 3 km; Gesamtdistanz 20 km.

Anforderungen: An einigen Stellen Trittsicherheit, besonders östlich der Pointe Escampobariou (ausgesetzte Stelle, Drahtseil). Gut markierter *sentier du littoral*.
Beste Jahreszeit: Immer. Bei starker Brandung liegt an einigen Wegabschnitten allerdings eine Dusche drin.
Einkehr: Plage de la Badine, La Tour Fondue, Plage du Pradeau, Giens (Restaurant Albatros) Port du Niel, La Madrague.
Unterkunft: In Plage de la Badine: Camping La Pinède, ✆ 04 94 58 22 61. In Giens: Hôtel Provençal, ✆ 04 94 04 54 54; Relais Bon Accueil, ✆ 04 98 04 55 10. In La Madrague: Camping Olbia, ✆ 04 94 58 21 96.
Variante: Nur Teilstücke machen: Rundtour von Giens um den Westzipfel der Insel; 4¼ Std. Von der Altstadt von Hyères lohnt sich der Ausflug zum Mont Fenouillet; 2½ Std.
Sehenswertes: Felsen, Bäume, Wasser.
Karte: TOP 25: Hyères – Île de Porquerolles (3446 OT)
Tipp: Dienstags Markt in Giens. Die Pointe Escampobariou ist Schauplatz in Joseph Conrads letztem Roman »Der Freibeuter«.
Anschlußtouren: 30 und 31.

Ein Weg: Nur Wandern ist schöner. An der Westseite fehlen die Strände ohnehin.

Die Halbinsel von Giens: ein eigenwilliges Stück Côte d'Azur. Sie war einmal eine richtige Insel und ist nun mit Hyères auf dem Festland nur durch zwei Sandstreifen verbunden, über die je eine Autostraße verläuft. Dazwischen liegen flache Becken, in denen einst Salz gewonnen wurde. Fast rund um die Halbinsel verläuft der *sentier du littoral*. Dank dem Bus von Hyères nach La Tour Fondue, wo die Schiffe für Porquerolles ablegen, kann die Küstenwanderung gut ohne Auto gemacht werden. Allerdings muß man vom Endpunkt La Madrague wieder die gegen Mistral und Überbauung geschützte Plage de l'Arboussière erreichen und auf einem schon beim Hinweg erlebten Abschnitt zurück in das auf der Anhöhe gelegene Dorf Giens gehen. Das stört nicht: Diese Wegstrecke verdient ohnehin zwei Sterne, und im hübschen Hafen von Niel wartet ein Fischrestaurant auf hungrige Mäuler. Bon appétit!

Von der Haltestelle **La Badine** (Übersichtstafel zum Küstenpfad) ostwärts an die Plage de la Badine und nach rechts. Oberhalb von teils traumhaften Kiesbuchten zur großen Plage de la Baume. Nun verläuft der Pfad in dichter Vegetation zu den Ruinen einer Festung. Der Zugang zum eigentlichen Cap de l'Esterel ist nicht möglich. Durch das Village de vacances de famille, dann scharf links hinab an die Küste. Auf betonierten Pfaden unterhalb von Kliffs zu einzelnen Sandbuchten. Schließlich über eine Treppe hinauf und auf einem Fahrweg nach **Tour Fondue**. Hinab zur Anlegestelle für Pourquerolles und rechtshaltend zur Fortsetzung des *sentier du littoral*.

Nach der Plage du Pradau kommt man zur **Pointe de Terre Rouge**, dem südlichsten Punkt der Festland-Côte d'Azur. Der Weiterweg bis kurz vor die

Ein Hafen: Im Port du Niel legen wir zweimal an.

Pointe de la Vignette, wo man die Küste wegen des umschwungreichen Spitals »Renée Sabran« verlassen muß, verläuft wiederum oft in dichter Vegetation – und unterhalb von Villen. Die Küste ist zerrissen und felsig, weist aber ein paar hübsche Badebuchten auf. Schließlich folgt man dem Spitalzaun zur Straße, die nach **Giens** hinaufführt. Der *sentier du littoral* geht nicht ins Dorf hinein, sondern zweigt vorher ins Zufahrtsträßchen »chemin du Betton« zum »Hôtel Provençal« ab. Über Treppen hinab an die Küste und zum privaten Schwimmbad des »Hôtel Provençale«, dessen Rand der offizielle Wanderweg benützt – ein schönes Gefühl. Auf einem teilweise auf Meereshöhe verlaufenden, betonierten Weg in den **Port du Niel**.
Nun steigt die Route auf Sträßchen und Wegen nördlich von Residenzen an. Wo der *sentier du littoral* gegen die Pointe des Morts zu sinken beginnt, wird er wild und schön. Oberhalb senkrechter Klippen durch einen Pinienwald, dann steiler Abstieg in die **Plage de l'Arboussière**. Der Weg steigt oberhalb der Pointe de la Galère durch, quert hinüber zur Pointe du Piguet und kommt in teilweise rutschigem Gelände zur tiefeingeschnittenen Plage du Pontillon hinunter. Hinauf zur Pointe du Rabat und in der abschüssigen Flanke (Vorsicht bei der Drahtseilstelle) hoch oberhalb der Brandung zur **Pointe Escampobariou** mit den Überresten ein Leuchtturms, wohin ein Stichweg führt. Kurz auf dem gleichen Weg zurück, dann auf der Westseite der Halbinsel von Giens an- und absteigend um die Calanque de Blé herum zur Pointe des Chevaliers. Entlang der zahmeren, aber immer noch felsigen Küste zur Plage

de l'Aygade. Nun akkurat der Küste folgen, um außen an einem privaten Pinienwald mit Camping vorbeizukommen (die Wohnmobile stehen aber teilweise am Wasser). Der *sentier du littoral* umrundet noch die Pointe de l'Ermitage und erreicht auf der Straße die Siedlung **La Madrague**. Gegenüber der Hafeneinfahrt beginnt der Schotterweg, der die Wanderer quer über die Halbinsel rasch zur **Plage de l'Arboussière** zurückbringt. Auf dem schon bekannten Weg über Port du Niel nach **Giens**, aber gleich westlich des Hotels »Provençale« direkt hinauf ins Dorf.

Eine Küste: Bäume, Felsen und Meer bei der Pointe des Morts. Was will man mehr?

Zwischen Toulon und Marseille: heilige Kämme

»Sie betrachteten die rasch durch Kanäle fließenden Bäche und stellten sich vor, was in einigen Monaten passierte; das in den Becken zur Ruhe gekommene Wasser wird Eis werden; das in Türmen – man nennt sie glacières – aufbewahrte Eis wird nach Toulon und Marseille transportiert werden. Ganz am Ende dieses Traums hatte es die Freudenschreie, die großen Restaurants, die besonderen Hotels, wo ihr Eis, gehärtet durch den Mistral im Dezember, den Verkaufspreis von Gold erzielte. Schwere und glitzernde Tränen vermischten sich mit dem heiligen Regenwasser und rannen über ihre sonnenverbrannten, jetzt aber mit Erde beschmierten Gesichter; sie haßten einander nicht mehr. Der einzige Tag im Jahr war es, an dem sie gemeinsam auf den Grenzen der Sainte-Baume standen.« Die Arbeit war hart und gefährlich, die Konkurrenz groß und listig: Jean-Michel Thibaux hat mit »La bastide blanche« einen packenden, Ende des 19. Jahrhunderts spielenden Roman über die Eismänner der Sainte-Baume geschrieben, einem vom Nordwind gepeitschten Gebirgszug im Hinterland von Toulon und Marseille. Hauptfigur ist Justin Giraud aus dem Dorfe Signes, sein Gegenspieler der reiche Camille Roumisse aus Marseille, der natürlich nicht mehr selbst zur Hacke griff, wenn es zu Winterbeginn regnete und die Männer das Wasser – und auch dasjenige von Quellen – in Becken leiteten, um es gefrieren zu lassen. Wer im Sommer dann das vergängliche Gut – auf dem Transport schmolzen die Eisblöcke um 20 bis 50 Prozent – in der Nacht am schnellsten zu den Verbrauchern bringen konnte, nahm am meisten ein. Da ging es hart auf hart. Aber Roumisse hatte auch eine begehrenswerte Tochter, und Justin, eigentlich der feurigen Magali versprochen, zeigte ihr die rauhen Pfade der Chaîne de la Sainte-Baume und mehr. Kurz: In dem 1995 veröffentlichten Roman über das Eis der Provence kann es ganz schön heiß werden.
Ich entdeckte das Buch im »Café de France« am Place du Marché in Signes, einem der Dörfer am Fuß der Sainte-Baume. Ich bestellte einen Pastis und begann zu lesen, und es war so gemütlich auf diesem schattigen Platz mitten in Signes, daß es schon einige Überwindung brauchte, am nächsten Morgen sehr früh zur 10stündigen Wanderung auf die Sainte-Baume aufzubrechen (Tour 38). Unterhalb des Col des Glacières – der Name sagt es – befinden sich mehrere dieser Kühlhäuser. Genaugenommen sind es runde, ausgemauerte und gedeckte Schächte in der Erde mit nur einer kleinen Öffnung oben; da hindurch wurden die aus den Becken gesägten Eisblöcke im Winter hineingebracht und im Sommer mühsam wieder herausgenommen, nachdem sie in der Tiefe auf Strohschichten gelagert hatten. Die vorindustriellen Sehenswürdigkeiten am Col des Glacières liegen nicht direkt am Wanderweg, im Gegensatz zur berühmten Glacière de Gémenos, die sich am anderen Ende des Sainte-Baumes-Kammes befindet. Diese Eisgrube ist knapp 20 Meter tief und hat einen Durchmesser von 10 Metern; das Dachge-

Noblesse oblige: Das Maria-Magdalena-Heiligtum der Sainte-Baume darf nur in sittsamen Kleidern betreten werden.

wölbe allerdings ist eingestürzt. Sie wurde 1794 erstmals erwähnt und 1912 stillgelegt, nachdem 1898 in Hyères, dem Geburtsort des Côte d'Azur-Tourismus, die erste Fabrik zur Herstellung von künstlichem Eis ihren Betrieb aufgenommen hatte.

Auf der Nordseite dieses Berges befindet sich seit dem 3. Jahrhundert eine christliche Wallfahrtsstätte: Le Sanctuaire de la Sainte-Marie-Madeleine. Wer nach dem Besuch der Grottenkirche noch zur Kapelle auf dem kargen Kamm der Sainte-Baume wandert (Tour 37), erblickt andere heilige Berge: im Norden die Montagne de la Sainte-Victoire, wie eine zyklopische Mauer über der Provence stehend, und im Süden das Cap Sicié (Tour 35) und den Mont Faron.

Der Mont Faron (Tour 33) ist der Hausberg der Stadt Toulon und wie die Werften ihr Symbol. Westlich von Toulon, mit den städtischen Bussen jedoch gut erreichbar, versteckt sich die Gorges du Destel (Tour 34). In den Ritzen glattpolierter Platten wachsen Feigenbäume, und die Wassermühlen sind manchmal so hoch, daß es keinen direkten Weiterweg im Schluchtgrund mehr gibt. Ein Klettersteig hilft aus der Klemme. Beim Rückweg entlang dem Schluchtrand öffnet sich wieder der Blick aufs Meer.

Sanary-sur-Mer ist die heimliche Hauptstadt der deutschen Literatur, wie es im liebevoll und klug gemachten Buch von Heinke Wunderlich »Spaziergänge an der Côte d'Azur der Literaten« heißt. Man sollte diesen Literaturführer oder denjenigen von Nestmeyer in den Rucksack packen, wenn man zwischen Toulon und Cassis unterwegs ist. An der Mittelmeerküste der Provence finden sich einige Buchten, wo man geschützt vom Mistral in Buchwelten eintauchen mag. So eine Bucht ist die Plage de Renécros, Endpunkt einer Küstenwanderung (Tour 36), die sich ganz leicht mit der Bahn durchführen läßt. Der halbkreisförmige Strand liegt in Bandol, und das wiederum muß fast ein wundersamer Ort sein. Der Dichter Edmond Reboul jedenfalls wird in der April/Mai-Nummer des »Bandol Magazine« von 1996 so zitiert: »Voir Bandol et y vivre, ou voir Naples et mourir«.

33 Mont Faron, 584 m

Stille Wanderwege am Rande einer lärmigen Stadt

Super Toulon – Tour de l'Ubac – Mont Faron – Talstation Luftseilbahn

Talort: Toulon (26 m), Gare SNCF.
Ausgangspunkt: Bushaltestelle Super Toulon (141 m) der Linie 40; Einsteigestationen Liberté oder Toulon Gare. Manchmal fährt der Bus bis Mas du Faron; bei der Haltestelle Balcons aussteigen und auf Fahrweg zur alten Kiesgrube. Am Sonntag sehr ausgedünnter Fahrplan. Mit dem Auto folgt man der Strasse zum Téléphérique und zum Faron; bei der Talstation der Luftseilbahn parken. Man kann auch direkt zu Fuß beim Bahnhof starten: westwärts kurz der Hauptstraße entlang, auf einer Fußgängerbrücke über die Geleise zu einem kleinen Park und hinauf, zuerst rechtshaltend, dann geradeaus zur Talstation; 20 Min. Streckenplan unter www.reseaumistral.com.
Endpunkt: Bushaltestelle Lavoir (etwa 100 m) der Linie 40 unterhalb der Talstation.
Gehzeiten: Aufstieg 2½ Std., Abstieg 1½ Std.; Gesamtgehzeit 4 Std.
Höhenunterschied: Aufstieg 500 m, Abstieg 540 m.
Distanz: 10 km.
Anforderungen: Beim Aufstieg über den Westgrat und beim Abstieg durch das schluchtähnliche Tälchen ist der Gebrauch der Hände nötig. Meistens gut markiert.
Beste Jahreszeit: Immer; am besten früh am Morgen (bessere Sicht). Am Sonntag viel Ausflugsverkehr.
Einkehr: Zwei Restaurants an der Bergstation.
Variante: Statt dem schwierigen Abstieg durch das schluchtähnliche Tälchen: Höhenwanderung in der Südflanke des Mont Faron zum alten Steinbruch.
Sehenswertes: Zwischen Pinien hindurch das Häuser- und Mittelmeer von Toulon.
Karte: TOP 25: Toulon (3346 OT).
Tipp: Téléphérique Mont Faron 9-12, 14-17 Uhr, Juli/Aug. 8-20 Uhr; Mo nicht. Mémorial du Débarquement de la Provence 9.30-12.30, 14.30-18.30 Uhr, Mo geschl. Zoo 14-18 Uhr.

Obwohl der Mont Faron mit Villen und Straßen, einer Seilbahn und einem Zoo, alten Kasernen und neuen Antennen, Wanderwegen und Kletterrouten versehen ist, bleibt er eine erstaunlich grüne Oase am Stadtrand von Toulon. Auf dem höchsten Punkt gibt es nichts, nicht mal einen Steinmann.
Auf der Straße, die bei der Haarnadelkurve der Bushaltestelle **Super Toulon** abzweigt, hinab zur Kurve P. 125 m. Ansteigen und nach 200 m rechts in einen grün markierten Weg einbiegen. Durch den Wald an den Rand bei einer aufgelassenen Kiesgrube hinaufsteigen. Den gelben Markierungen übers Flachstück folgen. Die Autostraße zum Mont Faron queren. Nach zwei Serpentinen kommt man zu einer Verzweigung: links auf der blau markierten

Sportliche Stadtrandtour: Auf dem markierten Pfad oberhalb der Tour de l'Ubac.

ehemaligen Militärstraße flach zur **Tour de l'Ubac**. Ein paar Meter vor dem Turm geht die blaue Route rechts weg (»sportif« angeschrieben). Sie steigt im Schrofengelände steil zu einer Antenne hinauf. Entlang dem Sträßchen (teilweise auch auf dem Wanderweg links davon) zur **Bergstation der Luftseilbahn**, zum Mémorial du Débarquement de la Provence im Tour Beaumont und zu einem Restaurant. Dahinter nordwärts an Picknicktischen vorbei, dann ostwärts auf breitem Weg zum Zoo. Auf breitem, gelb markierten Weg im Zickzack zur Caserne du Centre (546 m), die man links liegen läßt. Hinab in einen Sattel (508 m). Auf Schotterweg zu Wegverzweigung und links hinauf zum Gipfel des **Mont Faron** (584 m), wobei der höchste Punkt etwas abseits des Weges liegt.

Zurück zur erwähnten Verzweigung und links hinab zur Autostraße. Diese überqueren und weiter zur nächsten Verzweigung. Die Wanderroute geht links weiter; wir nehmen aber rechter Hand (südwestwärts) das unmarkierte Sträßchen. Absteigen, bis wir wieder auf die Wanderroute treffen. Nach rechts, an einer Hütte vorbei, bis in ein Tälchen (P. 397 m). Nun das Sträßchen verlassen und auf grün markiertem, steinigem Pfad durch das Tälchen absteigen. Es verengt sich zu einer Schlucht. Man muß dort aufpassen, wo der Wanderpfad kurz rechts ausweicht und gleich darauf durch eine Rinne steil hinabsinkt (Schlüsselstelle; leichte Kletterei). Weiter durch den Schluchtgrund zu einer Straßenkurve hinunter und nach rechts. Auf Nebenstraßen gleichmäßig sinkend zur großen Straße: rechts hinauf in wenigen Schritten zur Talstation, links zur **Bushaltestelle Lavoir**. Oder noch zu Fuß in 15 Minuten, auf der großen Kreuzung rechts abbiegend, zum Bahnhof Toulon.

34 Gorges du Destel

Die ganz andere Tour: Schluchtwandern aufwärts, ohne eigenes Seil

Ollioules – Gorges d'Ollioules – Gorges du Destel – Ollioules

Ausgangs- und Endpunkt: Ollioules (53 m) am Südausgang der gleichnamigen Klamm, welche bei der N 8 von Aubagne nach Toulon durchfahren wird. Von Toulon (Buszentrum Place de la Liberté unterhalb des Bahnhofs) mit der Linie 12 oder 11b nach Ollioules, Haltestellen Bonnefont (liegt am nächsten) oder Mairie. Der Bahnhof von Ollioules liegt zu weit weg. Streckenplan unter www.reseaumistral.com.

Gehzeiten: Ollioules – Plateau de Taillan (P. 232 m) ½ Std., Abstieg in die Ollioules-Klamm und Aufstieg durch die ganze Gorges du Destel 2½ Std., Rückweg vom Schluchteingang nach Ollioules 1½ Std.; Gesamtgehzeit 4½ Std.

Höhenunterschied: Rund 600 m.

Distanz: 10 km.

Anforderungen: Sehr gute Trittsicherheit nötig; die Hände werden zur Fortbewegung über Stock und Stein benützt. Die schwierigsten Stellen sind mit Drahtseilen entschärft. Fast durchwegs markiert; je nach Weg mit verschiedenen Farben; die streckenweise weglose Klammroute selbst ist mit blauen Strichen und drei gelben Pünktchen gekennzeichnet.

Beste Jahreszeit: Immer, außer nach ergiebigen Regenfällen oder bei Gewitter.

Einkehr und Unterkunft: In Ste-Anne d'Évenos: Auberge du Roi Bacchus, ✆ 04 94 90 31 18. In Ollioules zwei Hotels.

Variante: Wer mit dem Auto unterwegs ist, startet besser beim Friedhof des Weilers Le Broussan (285 m); hierher am besten von Ste-Anne d'Évenos (das Dorf am Eingang der Klamm von Ollioules) über die D 462 und D 62 Richtung Col du Corps de Garde. Der Wanderweg beginnt westlich der Brücke gleich eingangs des Dorfes. Er ist gelb markiert und führt zum trockenen Bett des Destel-Baches hinab. Dann bleibt man am besten auf dem Höhenweg und kehrt durch die Gorges du Destel zurück. Knapp 1 Std. kürzer und weniger Höhenunterschied als die Route von Ollioules.

Sehenswertes: Die Schnittblumenstadt Ollioules mit laubengeschmückten Gassen.

Karte: TOP 25: Toulon (3346 OT).

Tipp: Die Gorge du Destel ist neben Cimaï (an der D 462) eines der vielen Klettergebiete der Côte d'Azur; mehr dazu in »Escalades autour de Toulon«.

Die gewundene Gorges d'Ollioules, eine Schlüsselpassage auf dem Weg von Marseille nach Toulon, hatte bei den Reisenden einst einen schlechten Ruf. Heute hallen ihre Wände vom Verkehrslärm wider. Ruhig ist es dafür in der Seitenklamm, die der Destel bis zu 250 Meter tief in das Relief gegraben hat. Hier rufen sich höchstens Kletterer an den Kalktürmen des Teufelsschlosses Anweisungen zu, oder Wanderer, die zwischen den Vulkangesteinsblöcken und im Dickicht des Schluchtgrundes die Übersicht verloren haben.

Vom Zentrum von **Ollioules** über den Fluß Reppe zur Bushaltestelle Bonnefont. Dort überquert man die N 8 und stößt auf den *GR 51*. Er folgt steilen Straßen durch das Quartier Bonnefont. Schließlich geht die Straße in einen Waldweg über, und man erreicht nach rund einem weiteren Kilometer eine Wegkreuzung (P. 232 m). Westwärts auf dem mit gelben Strichen markierten Pfad (nach Évenos angeschrieben; nicht auf der Karte) ziemlich steil hinab in die verkehrsgeplagte **Gorges d'Ollioules** (ca. 80 m). Man verläßt diese nach 300 m rechts in die **Gorges du Destel**. Der zu Beginn ziemlich überwachsene Pfad verläuft durch den Schluchtgrund, links und rechts des Wasserlaufes, der immer wieder versiegt. Die Abzweigung nach Evenos lässt man links liegen und folgt weiter dem Grund der Schlucht, die felsiger und gewundener wird. Man geht über Felsblöcke und glattpolierte Platten, von einem Ufer zum anderen wechselnd. Man kann die Drahtseile benützen oder auch im Schluchtgrund leicht weiterklettern. Weiter ohne Hilfsmittel, dann mit einer Kette über eine Steilstufe. Gleich danach zweigt rechts ein markierter Pfad ab. Mit diesem könnte man die Tour abkürzen. Er führt zum Höhenweg hinauf, den man auf der Felsrippe unterhalb P. 397 erreicht. Wir gehen jedoch weiter durch die Klamm aufwärts, bis es wegen einem zu hohen Strudeltopf nicht mehr weitergeht (Les Cuves du Destel auf der Karte). Nun rechts, also auf der orographisch linken Klammflanke, sehr steil an Drahtseilen klettersteigähnlich hinauf. Nach einer Querung steigt man etwas weniger steil zurück in die Schlucht. Der Blick zurück auf die im Aufstieg unpassierbare Stelle lohnt sich; Abseilhaken vorhanden. Wir setzen den Aufstieg durch die von Blöcken und Baumstämmen verstellte Schlucht fort; eine weitere, diesmal aber kürzere Umgehung eines Hindernisses erfolgt wieder auf der rechten Seite. Die Markierungen werden immer spärlicher, und schließlich endet die Gorges du Destel. Wir kommen in den Wanderweg, der von Le Broussan herabkommt und den Destel-Bach unterhalb P. 273 m quert. Wir folgen diesem blau und gelb markierten Höhenweg talauswärts hoch oben durch die linke Schluchtseite. Der Weg führt leicht ansteigend durch ein erstes Seitentälchen auf einen Absatz beim Vallon de Glaizas. Ab- und aufsteigend durch dieses Seitental auf die Felsrippe (etwa 360 m; hier Einmündung des Abkürzungspfades). Wir bleiben nun immer auf dem Höhenweg, auf dem wir kurz danach an einem nach rechts in die Tiefe absteigenden und in der Karte eingezeichneten Pfad vorbeigehen. Wir gelangen wieder auf einen Vorsprung. Wenig später mündet von links der *GR 51* ein (P. 370 m). Auf ihm zurück nach **Ollioules**.

35 Cap Sicié – Notre-Dame du Mai, 358 m

Aus den Straßenschluchten an die Steilküste

Fabrégas – Cap Sicié – Notre-Dame du Mai – Le Brusc Port

Die Betonwüsten von Toulon und seinen Vorstädten, dann die Blumen und ihr Duft an den Steilhängen des Cap Sicié. Ginster und Buschwindröschen zum Beispiel, eine weiße Lilienart beim ausgesetzten Aufstieg zum alten Leuchtturm. Neu ist hingegen die riesige Abwasserreinigungsanlage, welche die Stadt Toulon in einer unzugänglichen Bucht 350 m unterhalb der Wallfahrtskapelle baute. Letztere steht neben einem TV-Turm auf dem Gipfel des Cap Sicié, das wie der Bug eines unbeweglichen Schiffes ins Mittelmeer ragt. Westlich des Aussichtsgipfels sinkt der Wanderweg in einer abschüssigen Flanke wieder gegen das Meer hinunter: Endlich die Freiheit, die man auf der Place de la Liberté in Toulon vermißt hat.

Von der Busendstation in **Fabrégas** auf dem Sträßchen hinab zum Meer. Nach dem Restaurant Chez Daniel auf einem Sträßchen landeinwärts ansteigen (gelbe Markierungen). Bei der zweiten Haarnadelkurve beginnt der Wanderweg. Er zieht in leichtem Auf und Ab durch die steil abfallende Flanke; zu Beginn zweigen mehrere Pfade zu Badestränden ab. Wo er auf ein Sträßchen kommt, könnte man nach rechts abbiegen auf einen breiten Weg, der zur Notre-Dame du Mai hinaufsteigt. Unsere Route folgt aber dem Sträßchen, der ehemaligen Zufahrt zum Leuchtturm auf dem Cap Sicié. Obwohl die Stützmauern meistens erhalten sind, verengt es sich zu einem Fußweg. Zuletzt führt dieser durch die senkrechten Schieferfelsen oberhalb einer Bucht, wobei eine Stelle sehr ausgesetzt ist. Ein gebauter Weg führt an den Ruinen der Leuchtturmanlage vorbei bis an die äußerste Stelle des **Cap Sicié**.

Talort: Toulon (26 m).
Ausgangspunkt: Fabrégas (23 m) südlich von La Seyne-sur-Mer. Von der Place de la Liberté in Toulon mit der Buslinie 8 nach La Seyne-sur-Mer; umsteigen in Seyne-Centre in den Bus 81 nach Fabrégas.
Endpunkt: Le Brusc Port (0 m); Bus zurück nach Toulon, mit Umsteigemöglichkeit nach Sanary-sur-Mer und Bandol (vgl. Variante). Die Haltestelle der Busse nach Bandol und Le Brusc befindet sich an der Avenue Vauban gleich unterhalb des Bahnhofs Toulon; diese Straße führt zur Place de la Liberté hinab; so kann man sich den Fahrplan gleich notieren [S.A.R.C.V. Littoral Cars, ℂ 04 94 74 01 35]. Streckenplan unter www.reseaumistral.com.
Gehzeiten: Fabrégas – Cap Sicié 1½ Std., Cap Sicié – Notre-Dame du Mai 1¼ Std., Notre Dame du Mai – Le Brusc Port 2¼ Std.; Gesamtgehzeit 5 Std.
Höhenunterschied: Rund 400 m.
Distanz: 12 km.
Anforderungen: Ein teilweise sehr ausgesetzter Weg. Verschieden markiert.
Beste Jahreszeit: Immer; am schönsten Ende April/Anfang Mai, wenn alles blüht.
Einkehr: Chez Daniel in Fabrégas. Zahlreiche Restaurants und Bars in Le Brusc.
Unterkunft: Hotels in La Seyne-sur-Mer und Six-Fours-les-Plages. In Le Brusc: Hôtel du Parc, ℂ 04 94 34 00 15. Mehrere Zeltplätze im Forêt de Janas westlich von Fabrégas; Camping Les Pins im Dorf selbst, ℂ 04 94 94 06 89. In Sanary-sur-Mer: Hôtel La Tour, ℂ 04 94 74 10 10. In Bandol: vgl. Tour 36.
Variante: Da der Bus in Le Brusc Port nicht sehr häufig fährt, empfehlen sich zwei Möglichkeiten, um die Kreuzung in Sauviou (Plage de Bonne Grâce) zwischen Six-Fours-la-Plage und Sanary-sur-Mer zu erreichen, wo die häufig bedienten Buslinien Toulon-Sanary und Toulon-Sanary-Bandol durchfahren: entweder zu Fuß auf dem markierten *sentier du littoral* (1¾ Std, 5,5 km) oder per Autostopp.
Sehenswertes: Frankreich als Arbeits- und als Ferienland.
Karte: TOP 25: Toulon (3346 OT).
Tipp: Wallfahrt zur Chapelle Notre-Dame du Mai am 14. September. Abstecher von Le Brusc auf die kleine Insel Le Petit Gaou.
Anschlußtouren: 36: auf der 2 km langen Plage de Bonne Grâce marschiert man sicher nach Sanary-sur-Mer; für den Weiterweg nach Bandol wechselt man in den Bus; 45.

Wohlriechend: Die Aprilvegetation leuchtet in der Südflanke unterhalb der Kapelle.

Wieder zurück; hinter der größten Hausruine findet man die Fortsetzung des Weges: ein Pfad zickzackt steil über Treppenstufen zu einer Weggabelung hinauf. Die rot, blau und grün markierte Route folgt direkt dem Grat (brüchig). Die gelb markierte Route quert links auf eine Rippe und folgt dieser. Oben gelangt man zu Ruinen eines weiteren Leuchtturms und dahinter auf ein Sträßchen. Wir verzichten aber darauf und folgen einem etwas überwachsenen Pfad auf dem Grat selbst zur Kapelle **Notre-Dame du Mai** (auch **Notre-Dame de la Garde** genannt).

Die Fernsehantenne umgeht man im Norden; in der folgenden Kurve verläßt der Wanderweg die Straße. Man kommt kurz darauf zu einer Wegverzweigung: rechts die nicht ausgesetzte Route entlang dem Westgrat, links die wildere Route. Sie sinkt im Zickzack gegen das Meer hinab; teils gemauerter Pfad, der als Zugang zur Festung auf der Pointe du Cap Vieux diente. Wir folgen aber dem *sentier du littoral* westwärts durch die jähe Flanke (unterwegs eine Quelle). Nach einer Kante kommt man in Wald. Auf einem Flachstück (P. 148 m) muß man aufpassen, weil der Wanderweg rechts absinkt und bald darauf in einen Fahrweg kommt. Er wird zu einem Sträßchen, das ab den Häusern von **La Haute Lèque** geteert ist.

Unterhalb dieses Weilers scharf nach links. Am Ende eines Parks ebenfalls nach links, auf dem Sträßchen kurz oberhalb des Meeres weiterwandern und dann hinab zum Hafen von **Le Brusc**, wo wir auf eine der besten Küstenwanderungen der Côte anstoßen.

Atemberaubend: Kurz vor dem Cap Sicié wird der alte Leuchtturmweg sehr schmal.

36 Von Saint-Cyr-sur-Mer nach Bandol

Von der Freiheitsstatue entlang piniengesäumter Kliffs zum Nobelbadeort

St-Cyr-sur-Mer – La Madrague – Pointe du Défens – Port d'Alon – Bandol

Bandol lebt im Gegensatz zu vielen anderen Touristenorten der Côte d'Azur auch in der Nebensaison. Das – und der Wein (die appellation d'origine contrôlée Bandol wurde 1941 eingeführt, als eine der ersten in Frankreich) – machen einen Aufenthalt in diesem Ort am Westrand der azurblauen Küste so angenehm. In Saint-Cyr-sur-Mer bewundern wir hingegen eine genaue Kopie des Modells, nach der die Freiheitsstatue für die Hafeneinfahrt von New York geschaffen wurde. Natürlich ist das französische Modell kleiner: Die 2,5 Meter Gesamthöhe reichen beim Original gerade für den Zeigefinger. Vom Bahnhof **Saint-Cyr-sur-Mer** südostwärts auf der Straße ins Dorfzentrum mit dem Platz der Freiheitsstatue. Auf der D 87 (Wegweiser La Madrague, Plage) unter der Bahnlinie hindurch und zur Küste; bei der Verzweigung links. Wie die Straße zu steigen beginnt, findet man rechter Hand ein Loch in einem Zaun und die Hinweistafel »Accès à la mer«. Auf einer Treppe zum Ufer hinab und weiter zum Hafen von **La Madrague**. An der Südwestecke des Hafens beginnt der *sentier du littoral*. Der Küstenpfad steigt über Treppen rauf und runter, kommt zur Pointe Grenier, die man auf der Landseite durch ein Tälchen passiert. Der Weg quert auf einem Band die Steilküste zur Pointe Fauconnière, sinkt dann im Zickzack ab und quert oberhalb der Kliffs zum Rebberg von Pin du Midi. Nach der Pointe des Trois Fours gelangt man teilweise buchstäblich ins Gehege von Villenbesitzern. Wir folgen genau dem markierten Weg, lassen den Privatstrand nördlich der landeinwärts überbauten **Pointe du Défens** rechts liegen und sonnen uns dafür in der kleinen Bucht nach der Pointe de Terme. Über ein Felsriff gelangen wir in die **Calanque du Port d'Alon**.

Nun geht es wieder hinauf auf ein Kap (dessen Spitze wir allerdings abkürzen) und dann oberhalb von Felsen gegen die Eisenbahnunterführung. Steil hinauf und oberhalb der Bahnlinie, anschließend durch einen dichten Pinienwald hoch über dem Meer gegen die Pointe des Engraviers hinaus. Hinunter in eine Privatbucht, hinauf zu einem großen Gebäude und weiter zum Wohnblock, der quer in eine Bucht geklotzt wurde. Für die Wanderer führt ein Steg über die Zufahrt. Bald darauf folgt man der Straße, umgeht die Pointe Encanet. Nach dem Hotel Splendide rechts über Treppen zur Anse de Renécros. Entlang diesem fast kreisrunden Strand von **Bandol**, vor dem Hotel Plein Large vorbei, um die Landzunge herum zum Hafen und auf der Promenade ins Zentrum. Schließlich durch die Avenue du 11 novembre hinauf, bis nördlich der Avenue de la gare ein Fußweg (Wegweiser: Gare Piétons) direkt zum Bahnhof führt.

Ausgangspunkt: Saint-Cyr-sur-Mer (24 m), Gare SNCF; Lokalzüge Toulon – Marseille.
Endpunkt: Bandol (40 m), Gare SNCF; gleiche Linie. Dazu auch die Buslinie Toulon – Sanary – Bandol; vgl. Tour 35.
Gehzeiten: 4 Std.
Höhenunterschied: Rund 200 m.
Distanz: 14 km.
Anforderungen: Gelb markierter Küstenweg; teils steinig, kaum ausgesetzt.
Beste Jahreszeit: Immer.
Hinweis: Im Sommer 2012 war der Küstenweg bei der Pointe Grenier gesperrt.
Einkehr: In Saint-Cyr-sur-Mer, La Madrague und Port d'Alon. In Bandol: Pizzeria La Grange, Restaurants Rascasse und Oulivo.

Flaniermeile: Der Hafenquai von Bandol.

Unterkunft: Hotels in St-Cyr-sur-Mer und La Madrague. In Bandol: Verschiedene Hotels, z. B. Le Hôtel Plein Large (die fünf Zimmer mit Terrasse an der Brandung gehören zu den besten an der Côte d'Azur), ✆ 04 94 32 23 32, www.hotelpleinlarge.com.
Variante: In Bandol direkt zum Bahnhof.
Sehenswertes: Plage de Renécros in Bandol – wie eine Privatbucht, aber öffentlich und über bloß vier Zugänge erreichbar; kein Verkehr, aber ein paar Restaurants und Hotels. Und Abendsonne.
Karte: TOP 25: Aubagne – La Ciotat (3245 ET), Toulon (3360 OT).
Tipp: Beim Maison des vins de Bandol (Allée Vivien, 83150 Bandol, ✆ 04 94 29 45 03) erfährt man alles über den berühmten Wein.
Anschlußtouren: 35, 45.

37 La Sainte-Baume: Chapelle du Saint-Pilon, 1000 m

Zu heiligen Sehenswürdigkeiten und zu einem verblüffenden Aussichtspunkt

Hôtellerie de la Sainte-Baume – Grotte Sainte-Marie-Madeleine – Chapelle du Saint-Pilon – Hôtellerie

Talort: Aubagne (107 m).
Ausgangs- und Endpunkt: Hôtellerie de la Sainte-Baume (668 m) an der D 80 zwischen Plan d'Aups und Nans-les-Pins nördl. des Sainte-Baume-Gebirgszuges. Autobus von Aubagne und Marseille (nur Sa/So).
Gehzeiten: Aufstieg 1½ Std., Abstieg ¾ Std.; Gesamtgehzeit 2¼ Std.
Höhenunterschied: 400 m

Distanz: 5 km.
Anforderungen: Ein überraschender und manchmal etwas ausgesetzter Aufstieg, der Trittsicherheit verlangt.
Beste Jahreszeit: Immer; im Winter kann Glatteis auftreten.
Einkehr und Unterkunft: Hôtel de la Sainte-Baume, ✆ 04 42 04 54 84.
Variante: Ohne Pas de la Cabre spürbar leichter (blau); gleicher Zeitaufwand.
Sehenswertes: Grottenkirche der Maria Magdalena; die Bezeichnung »Baume« stammt vom provenzalischen Begriff »baumo« (Grotte).
Karte: TOP 25: Signes – Massif de la Sainte-Baume (3345 OT).
Tipp: Ecomusée de la Sainte-Baume (Heimatmuseum zum Leben und Arbeiten rund um einen heiligen Berg), ✆ 04 42 62 56 46, 06 85 92 45 00. 21. und 22. Juli Pilgerfahrt zur Grottenkirche; an Allerheiligen Pèlerinage des Jardiniers.
Anschlußtour: 38; Rother Wanderführer Provence: 36.

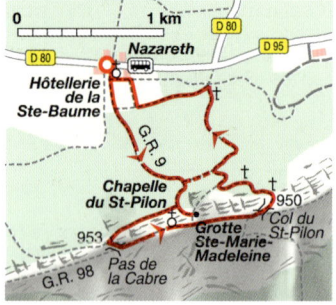

Einer der heiligen Orte der Provence: Das markt man, wenn man an einem kalten Februarsonntag von der Hôtellerie de la Sainte-Baume durch den geschützten Wald zur Grottenkirche in der senkrechten Wand und dann noch zur St-Pilon-Kapelle oben auf dem kilometerlangen Kamm der Sainte-Baume steigt. Schier unzählige Spaziergänger und Wanderer pilgern auf den Spuren der Römer und der heiligen Maria Magdalena, von Päpsten und Königen. Es gibt Pilger, die wagen gar mit Halbschuhen und Schutzengeln den teilweise abschüssigen Weg zum Pas de la Cabre.

Auf dem Weg, der östlich der Gebäude der **Hôtellerie de la Sainte-Baume** beginnt, über das flache Feld zum Waldrand und zu einer Weggabelung. Rechts in den *Chemin du Canapet* und den *GR 9* einbiegen. Er beginnt nach einer Linkskurve gegen die Felswand zu steigen, an welcher die Gebäude der **Grotte Sainte-Marie-Madeleine** kleben. Kurz unterhalb davon biegt von

Wallfahrtsziel: Die St-Pilon-Kapelle auf dem Berggrat offenbart schöne Aussichten.

links der betonierte andere Pilgerweg ein. Schließlich auf dem Treppenweg hinauf zum Heiligtum (870 m).

Auf dem Treppenweg wieder hinab und westwärts am Fuß der Felswand entlang. Der breite Weg geht bald in einen mit grün-roten Strichen markierten Pfad über. Nach ein paar Minuten teilt er sich: rechts grün bergab, links rot bergauf. Wir steigen auf diesem unter den senkrechten Wänden schräg an, auf einem bewachsenen Band, das die Nordwand der Sainte-Baume an dieser Stelle schräg durchreißt. Kurz nach der Weggabelung zweigt links eine mit roten Punkten markierte Wegspur zur Grotte du Père Elie ab. Unser Pfad ist teilweise etwas ausgesetzt, aber gut begehbar und nicht zu verfehlen. Man gelangt in den Einschnitt des **Pas de la Cabre** (953 m); Steinmann. Ostwärts über den Kamm zur **Chapelle du Saint-Pilon** (1000 m) und zur Panoramatafel.

Hinunter in den **Col du St-Pilon** (950 m). Auf dem breiten Serpentinenweg, an der dürftigen Parisiens-Kapelle vorbei, hinab zu einer Wegverzweigung: links führt der betonierte Pilgerweg zur Grottenkirche, rechts der eingezäunte *Chemin de Roys*, an der Fontaine de Nans vorbei, zu einem Parkplatz am Flankenfuß. Wir gehen westwärts auf einem Weg, der zurück zum Wiesenweg bei der **Hôtellerie de la Sainte-Baume** leitet.

38 La Sainte-Baume: Signal des Béguines, 1148 m – Pic de Bertagne, 1042 m

Wunderbar lange Kammwanderung zu einer Eisgrube in einem Sonnenhang

Signes – Col des Glacières – Signal des Béguines – Baou du Regage – Jouc de l'Aigle – Chapelle du St-Pilon – Pic de Bertagne – Glacière de Gémenos – Gémenos

Ausgangspunkt: Signes (343 m) an der D 2 im Südosten der Chaîne de la Sainte-Baume, im Département Var; Bus von Toulon [Société des Autocars Blanc, ✆ 04 94 69 08 28].

Endpunkt: Gémenos (133 m) am Westfuß des Sainte-Baume-Gebirgszuges, im Département Bouches-du-Rhône; Bus vom Cours Barthélemy in Aubagne [Linie 7, ohne Sonn- und Feiertage], Bus von Marseille über Aubagne nach Cuges mit Halt in Gémenos [Linie 11 der Société varoise de transport; fährt auch sonn- und feiertags, ✆ 04 94 98 70 28]. Keine direkte Busverbindung nach Signes. Taxis in Gémenos.

Gehzeiten: Signes – Col des Glacières 3 Std., Aufstieg zum Signal des Béguines 1 Std., Abstieg in den Col du St-Pilon ¾ Std., über die Chapelle du St-Pilon in den Pas de la Cabre ½ Std., Weiterweg zum Pic de Bertagne 2 Std., Abstieg zur Eisgrube 1 Std., Abstieg nach Gémenos 1¾ Std.; Gesamtgehzeit 10 Std.

Höhenunterschied: Rund 1100 m Aufstieg und 1300 m Abstieg.

Distanz: 28 km.

Anforderungen: Ausdauer und sichere Gehtechnik nötig. Mehrheitlich (und manchmal mäßig) markiert; bis Col du St-Pilon folgt man dem *GR 9*, dann bis unterhalb des Pic de Bertagne dem *GR 98*. Auf dem oft

karstigen, verbuschten Kamm muß man gut auf die Markierungen und Wegspuren achten: Da kann man auch bei Sonnenschein vom Weg abkommen.

Der Abstieg vom Pic de Bertagne (rechts im Bild) ist gut zu finden, aber der Weg ist rauh.

Beste Jahreszeit: Immer; im Sommer sehr heiß, im Winter sehr kalt (glacières!).

Einkehr und Unterkunft: In Signes: Hôtel Acacias, ✆ 04 94 26 17 73; Gîte d'étape, ✆ 04 94 25 30 80 (mairie); Camping des Promenades (auch für Nichtspaziergänger geeignet), ✆ 04 94 90 88 12. In Gémenos: Hôtel du Parc (im Vallée de St-Pons), ✆ 04 42 32 20 38. Zwei Zeltplätze. Ein paar Schritte südlich der Glacière de Gémenos befindet sich das Refuge Paul Ruat (ohne Kochgelegenheit, Matrazen und Decken).

Variante: Südlich unterhalb des Pic de Bertagne direkt zur Glacière absteigen. Oder diesen Gipfel mit Start in Gémenos besteigen; im oberen Teil ist Rundtour möglich.

Sehenswertes: Bei ganz klarer Sicht soll man hinweg über die Haute Provence hinweg die Barre des Ecrins, den südlichsten 4000er der Alpen, erahnen. In die andere Richtung das Meer.

Karte: TOP 25: Signes – Massif de la Sainte-Baume (3345 OT), Aubagne – La Ciotat (3245 ET).

Tipp: Als Zweitagestour mit Übernachtung in der Hôtellerie de la Sainte-Baume; vgl. Tour 37. Ende Juni jeweils großes Fest in Signes. Jour de fête de Saint-Eloi am letzten Sonntag im Juli in der Nähe der Abbaye de St-Pons. An der Sainte-Baume, vor allem am Pic de Bertagne, wird schwer geklettert.

Anschlußtour: 37; Rother Wanderführer Provence: 35.

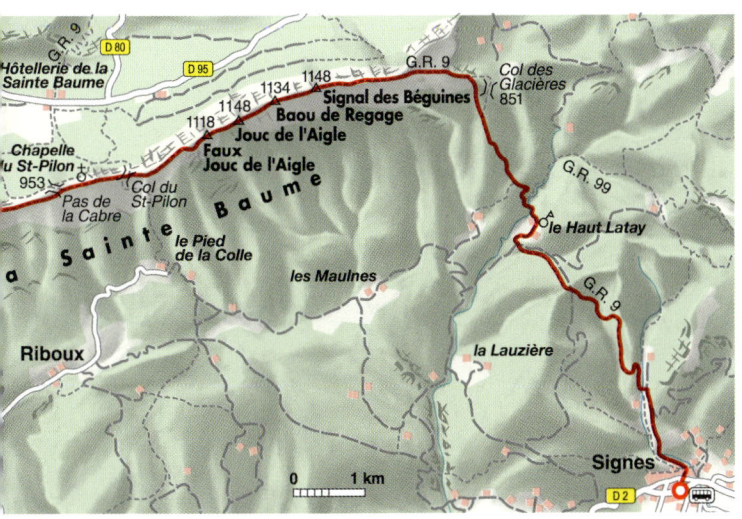

Ein 12 Kilometer langes und gut 1000 Meter hohes Kalkriff, das sich dem Mistral wuchtig in den Weg stellt. Über diese Bastion zwischen der Festland- und der Küsten-Provence gehen wir stundenlang vom Col des Glacières zur Eisgrube von Gémenos – wenn der Mistral nicht zu stark bläst. Die Eisarbeiter jedoch waren auf diesen kalten Wind angewiesen, damit er das Wasser gefriert. Wo das vergängliche Gut produziert und zwischengelagert wurde, sehen wir bei der riesigen Glacière de Gémenos (oder de Bertagne), die sich auf nur 660 Meter über dem Mittelmeer befindet. Das Wasser der nahegelegenen Quelle lindert den Durst unserer tour de force und füllt die Feldflasche, bevor wir durch ein Tal absteigen, in das die Nachmittagssonne unbarmherzig brennt. Hier trugen einst Maultiere das kühle Gold gen Marseille hinunter.

Schattenspiel: Selbst mit der Provence-Sonne und rot-weißen Markierungen ist die Route über den 12 km langen Kamm nicht immer augenscheinlich.

Von der Place du Marché in **Signes** nordwärts durchs Dorf zum Bach. Auf einem Sträßchen zuerst am westlichen, dann östlichen Ufer etwa 1,5 km taleinwärts. Nach einem erneuten Uferwechsel zweigt links ein Schotterweg ab. Der GR 9 verläuft meistens im Wald, taucht in ein Tälchen hinunter und erreicht schließlich als Sträßchen einen Bach. Bachaufwärts, bis der Wanderweg das Sträßchen verläßt und links zur Ruine **Le Haut Latay** kommt. Dahinter auf dem alten Saumweg zur Teufelsbrücke. Nun stetig in meist überwachsenem Gelände, eine Hochspannungsleitung unterquerend, hinauf gegen den **Col des Glacières** (851 m); man erreicht den Paß etwas oberhalb des tiefsten Punktes. Westwärts auf einem bewaldeten, leicht felsigen Grat ansteigen. Auf dem zusehends spärlicher bewachsenen, dafür breiteren und teilweise karstigen Rücken auf einem nicht immer gut sichtbaren Weg auf den Vorgipfel. Auf gutem Weg, zuletzt aber wieder über Karst auf den höchsten Punkt der Sainte-Baume, dem **Signal des Béguines** (1148,2 m); Steinmann.
Auf dem Grat über den **Baou du Régage** (1134 m) auf den **Jouc de l'Aigle** (1148 m) mit der Croix des Béguines. Kurz danach wechselt der Pfad auf die

Nordflanke, kommt dann wieder auf den Kamm zurück, passiert den **Faux Jouc de l'Aigle** (1118 m) und sinkt schließlich in den **Col du Saint-Pilon** (950 m), wo der Pilgerweg zur Hôtellerie de la Sainte-Baume abzweigt (vgl. Tour 37). Auf gutem Weg zur **Chapelle du Saint-Pilon** (1000 m); sie steht etwas westlich des höchsten Punktes an dieser Stelle des Saint-Baume-Kammes. Mehrheitlich über Karrenfelder in den **Pas de la Cabre** (953 m); hier kommt der zweite Weg von der Hôtellerie herauf (Abzweigung markiert mit rotem Kreis und Pfeil). Nun wird der Pfad schmal; ohne ihn ist kein Durchkommen durch die mit Gestrüpp überwachsenen Karrenfelder. Bei der ersten Sendeanlage geht man links am Zaun entlang und wechselt sobald als möglich auf das Teersträßchen (endlich wieder normal marschieren). Vor der großen Übermittlungsanlage steigt man links zum höchsten Gratpunkt (1035 m) mit schattenspendenden Bäumen. Nun auf der Südseite des Kammes zuerst in der Flanke, dann durch eine Mulde leicht absteigend zu großen Kiefern und zu einer Wegverzweigung. Rechts hinauf auf rot markierter Route zum Zufahrtsstraßchen zum **Pic de Bertagne** (1042 m). Der westliche Eckpunkt des Sainte-Baume-Kammes ist leider ebenfalls überbaut; u.a. mit einer weißen Kugel; links der Absperrgitter kann man noch etwas vordringen, um einen guten Tiefblick zu erhaschen.

Vom Pic de Bertagne kurz auf dem Teersträßchen zurück, dann links auf dem rot markierten Pfad hinauf auf den Grat und steil im Zickzack hinab (eine felsige Stelle) in einen Sattel mit bemerkenswertem Bildstock. Südwestwärts, bei Weggabelung links auf dem grün markiertem Pfad teils durchs Dickicht unter den Wänden des Pic de Bertagne vordringen. Man kommt zu einer Verzweigung. Auf markiertem Weg direkt über einen bewaldeten Rücken hinab zur nächsten Verzweigung auf einer Verflachung; gleich rechts des Weges versteckt sich im Gebüsch die **Glacière de Gémenos** (660 m), gegen den Hang zu befindet sich ein schattiger Platz mit Quelle. Weiter west- und abwärts auf der blau markierten Route – teils auf unebenem Pfad, teils auf dem breiten Saumweg, auf dem das Eis transportiert wurde – auf die Autostraße D 2.

Man folgt ihr ein kurzes Stück, bis in einer Rechtskurve links der blau markierte Pfad abzweigt. Durchs Dickicht auf einen Saumweg, der in ein Schottersträßchen mündet: die Allée des Platières des **Naturparks von Saint-Pons**. Man kommt zur Abbaye de Saint-Pons inmitten von Platanen und Zedern. Bei der Zugangsbrücke zur Zisterzienserabtei findet man einen Pfad, der dem rechten Ufer des Baches entlang führt. Beim moulin à blè wechselt man aufs linke Ufer. Beim Parkausgang die D 2 queren, noch kurz links dem Bach Le Fauge folgen, dann rechts über eine Brücke. Über eine Wiese, hinter einer Schreinerei durch und auf einem Schotterweg talauswärts, das Schild »Danger Eboulement – Passage interdit« ignorierend. Beim Freilufttheater links hinab auf die Straße und ins Dorf **Gémenos** – und in der Bar »Idéal« einen eisgekühlten sirop de menthe bestellen.

Calanques: Meeres-Berge

»Manchmal brach ich zu einem Bummel in die Calanques auf, Sormiou, Morgiou, Sugiton, En-Vau... Stundenlange Märsche mit dem Rucksack. Ich schwitzte, ich keuchte. Das erhielt mich in Form. Das besänftigte meine Zweifel, meine Befürchtungen. Meine Ängste. Ihre Schönheit versöhnte mich mit der Welt. Immer. Es ist wahr, daß sie schön sind, die Calanques. Man muß es nicht bloß sagen, man muß sie besuchen. Aber man gelangt nur zu Fuß hin, oder mit dem Schiff.« So läßt der Marseiller Schriftsteller Jean-Claude Izzo seinen Helden Fabio Montale im aufwühlenden Politthriller »Chourmo« aus dem Jahre 1996 die Ausflüge in die Kalksteinwildnis zwischen der zweitgrößten Stadt Frankreichs und dem Mittelmeer schildern.

Les Calanques: Bei Franzosen hat dieses Wort geradezu einen magischen Klang. Un sanctuaire naturel: ein Heiligtum der Natur. 20 Kilometer lang, 4 Kilometer breit, über 20 Buchten (Calanque heißt Bucht). Gepeitscht vom Mistral, versengt von der Sonne. An 140 Tagen pro Jahr bläst dieser Nordwind, manchmal so stark, daß man sich auf dem Stadtberg von Marseille (Tour 44) nicht mehr aufrecht halten kann. Nur an wenigen Tagen jährlich scheint die Sonne nicht, und nur an wenigen regnet es: Die Calanques sind die trockenste Region Frankreichs. »Un parfum de sauvagerie, mélange de thym, de bruyère et d'air marin«: So duften die Calanques für François Labande, Umweltaktivist, Schriftsteller und Führerautor, vor der Pensionierung Mathematiklehrer an einem Gymnasium in den gesellschaftlich schwierigen Nordquartieren von Marseille. »Der Duft der Wildnis, eine Mischung von Thymian, Heidekraut und Meeresbrise.«

Rund 150 km rot, blau, gelb, grün, braun oder schwarz markierte Wanderwege sowie noch einige unmarkierte Pfade erschließen die zerrissene Landschaft, in der es nicht viele Flächen gibt, nur Felswände und Steinränder, Grate und Grüfte, Berge und Buchten. Viele Wege tragen Namen, wie zum Beispiel der schwarz markierte *Sentier du Président* zwischen La Madrague und Callelongue; er wurde von der Société des excursionnistes marseillais gebaut, als einer der ersten Wanderwege in diesem Meeresgebirge. Passionierte Wanderer gründeten am Sonntag dem 28. März 1897 ihren Verein, und zwar am Fuß des Pic de Bertagne, dem Südgipfel des Sainte-Baume-Kammes, im Schatten der berühmten Glacière von Gémenos (Tour 38). Die »excurs' marseillais« kämpfen gegen die Zerstörung ihres – und unseres – Terrains. Manchmal vergeblich wie in der Calanque de Port-Miou, wo die Wunde eines riesigen Steinbruchs klafft. Öfters aber mit Erfolg: gegen die projektierte Seilbahn auf den Sommet de Marseilleveyre, gegen die geplante Uferstraße von Marseille nach Cassis. Nicht zuletzt dank ihrer Unterstützung wurden die Calanques 1975 als site protégé, als Schutzzone, ausgewiesen. Und die Société des excursionnistes marseillais war auch bei der von der internationalen Umweltorganisation Mountain Wilderness organisierten De-

Au bout de souffle: Der Pas Edgar Garrigue erfordert nochmals vollen Einsatz, bevor die knapp zwölfstündige Calanques-Durchquerung zu Ende ist.

monstration am 1. November 1997 in der Calanque d'En Vau dabei.
Rund 100 Leute blockierten ein paar Stunden lang die Zufahrt zur Bucht, über die sie das Spruchband »PROTEGEONS LES CALANQUES« spannten. Die Calanques sollen stärker geschützt werden, indem sie den Status eines Nationalparkes erhielten. Im April 2012 wurde der Parc national des Calanques offiziell ins Leben gerufen.
François Labande, Gründungsmitglied von Mountain Wilderness, hat einen 6-Punkte-Plan zur Rettung der Calanques vor übermäßiger und für eine zweckmäßige Nutzung zusammengestellt: 1) Kein Bootsverkehr mehr in die Buchten der Calanques (gilt vor allem für diejenige von En Vau); 2) Sperrung der Zufahrtsstraßen nach Sormiou und Morgiou für den touristischen Verkehr (er wäre eigentlich ohnehin nicht erlaubt); die Berechtigten wie Fischer (Morgiou ist ständig bewohnt), Ferienhausbesitzer, Restaurantbesitzer, Feuerwehr, Rettungsdienste etc. dürfen weiterhin hinfahren; 3) das existierende Zeltverbot soll eingehalten werden (Biwak ist aber weiterhin erlaubt); 4) Errichtung von Zeltplätzen am Rand der Calanques, in Port-Miou (im aufgegebenen Steinbruch), beim Col de la Gardiole, in Callelongue; 5) Einrichtung einer Gîte d'étape in Luminy, evtl. auch in Sormiou; 6) Umwandlung eines Gebäudes in ein »Haus der Calanques« in Morgiou. Gute Vorschläge für diejenigen, die zu Fuß gehen. Zum Beispiel auf ein ganz besonderes Kap.
Cap Morgiou: ein steinernes Schiff, auf dem die Menschen schon früh landeten. In einer nur vom Wasser her erreichbaren Höhle (die Calanques senkten sich im Lauf der Zeit) entdeckte man 20 000 Jahre alte Zeichnungen. Zuvorderst auf der Spitze sind die Reste eines 1616 errichteten Forts sichtbar. Oben riegelte eine Festungsmauer den Zugang zum Kap ab (Tour 41). Und dann steht da noch die einsame Kiefer hart am Rand der von senkrechten Wänden umfaßten Calanque de la Triperie. Zwischen die windzerzausten Äste ist eine Tafel mit folgender Aufforderung gehängt: »Ami grimpeur. La Nature est fragile. Respecte la.« Das gilt natürlich auch für Wanderfreunde.

39 Calanque d'En Vau

Berühmt, prächtig – und für reine Badewanderer viel zu steil

Cassis – Port-Miou – Vallon de Cadeïron – Calanque d'En Vau – Plateau de Cadeïron – Cassis

Ausgangs- und Endpunkt: Cassis (0 m) an der D 559 Marseille – La Ciotat. Die Bahnstation der Linie Marseille St-Charles – Toulon befindet sich leider knapp 4 km vom Hafen entfernt; gut 40 Min. Fußmarsch auf einer Autostraße oder mit dem Taxi, mit dem man auch bis Port-Miou fahren kann (✆ 04 42 01 78 96, 06 85 67 90 58). Mit dem Bus Verbindungen ab Marseille und ab Toulon.
Gehzeiten: Hin- und Rückweg je 1½ Std.; Gesamtgehzeit 3 Std.
Höhenunterschied: 350 m.
Distanz: 9 km.
Anforderungen: Eigentlich müßte die Tour schwarz klassiert werden, denn der direkte Aufstieg aus der En Vau-Bucht auf das Cadeïron-Plateau erfordert leichte Kletterei. Und genau dort ist der Fels von all den Spaziergängern speckig. Gut markiert.
Beste Jahreszeit: Toujours.
Einkehr: Viele Fischrestaurants am Hafen.
Unterkunft: In Cassis: Hôtel Le Clos des Arômes, in der Altstadt, viel Charme, ein sehr schöner Garten (an dem draußen die Autos vorbeifahren), reichhaltiges Frühstück, ✆ 04 42 01 71 84; Hôtel Grand Jardin, ruhig, ein paar Schritte vom Hafen, ✆ 04 42 01 70 10; Camping Cigales, ✆ 04 42 01 07 34.
Unterwegs: Auberge de Jeunesse La Fontasse, liegt etwa auf halbem Weg von Cassis nach En Vau, aber 1,5 km von der Küste entfernt, ✆ 04 42 01 02 72; Refuge-bivouac-du Piolet, immer offene, nicht eingerichtete Unterstandshütte mit 10 Schlafplätzen am Seitenpfad vom Plateau de Cadeïron, kein Wasser.
Variante: Ein blau markierter Pfad führt über das Plateau de Cadeïron (151 m) zu einem Aussichtspunkt mit herrlichem Blick auf die Calanque d'En Vau. Von dort der Küste entlang in die Calanque de Port-Pin, an deren Ende wieder der Hinweg erreicht wird (Schwierigkeit: rot).
Sehenswertes: Kletterer an senkrechten Wänden und Nadeln.
Karte: IGN 1:15.000: Les Calanques de Marseille à Cassis.
Tipp: Kletter- und Wanderführer sowie Karten im Maison de la Presse von Cassis. Zum Beispiel »Calanques entre ciel et mer«.
Anschlußtouren: 40, 42, 43, 45; Rother Wanderführer Provence: 38, 39.

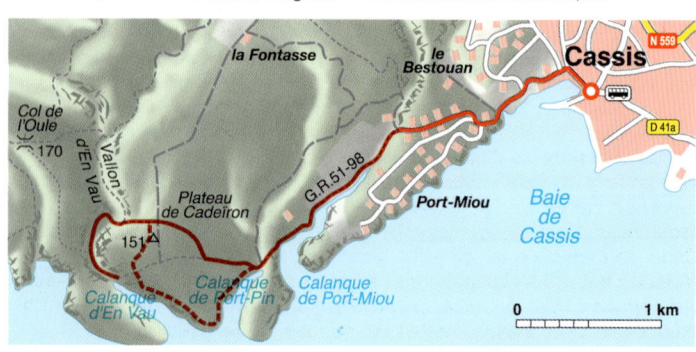

Das Meer: Die Calanque d'En Vau lockt tiefgründig. Nur Baden ist schöner.

Im Fischerhafen von Cassis warten die Ausflugsboote, um die Touristen in die Buchten der Calanques zu fahren. Als wir mit geschultertem Rucksack über die Hafenmauer wandern, macht einer der Bootsführer eine einladende Geste. Non merci, wir möchten zu Fuß gehen, entgegnen wir. »C'est bong pour les jambes«, sagt er lachend im provenzalisch gefärbten Französisch.

Im Hafen von **Cassis** westwärts, bis man gezwungen wird, auf die dahinter liegende Straße auszuweichen. Auf ihr, immer den Wegweisern Calanques folgend (und den rot-weißen Markierungen der *GR 51-98*), in die **Calanque de Port-Miou** (30 Min. ab Cassis); Wegweiser, Parkplatz, Bootshafen. Der Wanderweg führt entlang dem riesigen Steinbruch auf der rechten Seite der Bucht von Port-Miou und geht über einen Sattel in die **Calanque de Port-Pin**. Nun auf dem grün markierten Weg durch das **Vallon de Cadeïron** in einen weiten Sattel (140 m), wo man einen breiten Weg überquert. Unser Weg zickzackt im Geröll in das tiefeingeschnittene **Vallon d'En Vau** hinunter. Talauswärts zur berühmtesten Bucht der Calanques. Auf dem Hinweg zurück nach **Cassis**.

Nicht mehr zu empfehlen ist der steile Weg zwischen dem Plateau de Cadeïron und der Calanque d'En Vau. In der IGN-Karte »Les Calanques de Marseille à Cassis« von 1993 ist er als markierter, offizieller *GR 51-98* eingezeichnet und noch in der Ausgabe von 2008 als *sentier*, als unmarkierter Weg, vorhanden. Nun wurde diese direkte Verbindung gesperrt.

40 Mont Puget, 563 m

Atemberaubende Aussicht vom höchsten Gipfel der Calanques

Université de Luminy – Col de Sugiton – Brèche Guillemin – Mont Puget – Col de la Candelle – Col de Sugiton – Luminy

Ausgangs- und Endpunkt: Université de Luminy (135 m); Bus 21 vom Centre Bourse ein paar Schritte nördlich der unteren Canebière, der am Hafen beginnenden Hauptstraße von Marseille. Die Buslinie 21 weist den dichtesten Fahrplan der Marseiller Verkehrsbetriebe auf; rund 1 Std. Fahrzeit vom Zentrum zum Eingangstor in die Calanques. Die Parkmöglichkeiten in Luminy sind ausgeschildert.
Gehzeiten: Aufstieg 1½ Std., Abstieg 2 Std.; Gesamtgehzeit 3½ Std.
Höhenunterschied: 450 m.
Distanz: 10,5 km.
Anforderungen: Trittsicherheit dringend erwünscht; der Aufstieg durch die Guillemin-Rinne ist ausgesetzt. Im Aufstieg zum Gipfel nicht markiert.
Beste Jahreszeit: Immer, im Sommer (zu) heiß.
Einkehr: Buvette in Luminy.
Unterkunft: Vgl. Tour 42.
Variante: Wer baden will, folgt der roten Route in die Calanque de Sugiton und steigt darauf direkt durch das Vallon de Sugiton (vgl. Tour 41) auf. 1 Std. länger.
Sehenswertes: La Grande Candelle mit der Arête de Marseille: eine weiße Schleierkante vor tiefblauem Hintergrund.
Karte: IGN 1:15.000: Les Calanques de Marseille à Cassis.
Tipp: Die Librairie de la Bourse-Freizet, »la maison des cartes«, an der Rue Paradis 8 in Marseille (✆ 04 91 33 63 06) hat ein sehr großes Angebot von Führern und Karten; der Luminy-Bus 21 hält gleich in der Nähe.
Anschlußtouren: 41, 42, 45.

Eine veritable Gipfeltour im östlichen Teil der Calanques, dem Massif du Puget. Das Erstaunliche ist, daß die Pfade auf den Kulminationspunkt nicht markiert sind. Wer dort oben wie ich bei Nebel und Regen alleine unterwegs ist, fühlt sich plötzlich ins hohe Gebirge versetzt. Beim Abstieg kommt man bei der Grande Candelle (465 m), der großen Kerze, vorbei. Auf den schönsten Zahn der Calanques sollten sich freilich nur Kletterer hinaufwagen; der Normalweg vom Col de la Candelle weist mit dem »mauvais pas« eine ausgesetzte Iller-Stelle auf.

Von der Busendstation **Luminy** südwärts zum Eingangstor ins Schutzgebiet der Calanques (Übersichtstafel). Auf einem meist schattigen Schottersträßchen hinauf in den **Col de Sugiton** (215 m). Links in einen Schotterweg einbiegen, der in zwei Serpentinen weitausholend auf das Band oberhalb der

Die Nadel: Die Grande Candelle mit dem wunderbar scharfen Marseille-Grat. Wer dort hoch will, muß die Wanderschuhe gut schnüren.

Falaises de Luminy führt; die erste Haarnadelkurve läßt sich auf einem Pfad abkürzen, der kurz nach der Weggabelung auf dem Col de Sugiton ostwärts abzweigt. Man folgt dem **Chemin du Centaure** auf dem gekrümmten Band in der Westflanke des Mont Puget und kommt zu einer Schranke. Beim übernächsten Vorsprung, bevor der Höhenweg auf die Nordseite kommt, zweigt ein Pfad scharf rechts ab und zieht in eine Rinne links der freistehenden Aiguille Guillemin. Darin ausgesetzt hinauf auf den Grat, wo sich der Pfad teilt. Links quert der *Sentier Frager* die Nordflanke des Mont Puget, rechts geht eine Wegspur zur **Croix du Puget** (547 m); Tiefblick auf das riesige Universitätsgelände von Luminy. Weglos ostwärts hinab in einen Sattel und über den Vorgipfel (Steinmann) auf den höchsten Punkt (Steinmann) des **Mont Puget**. Vom Gipfel auf dem grün markierten Weg über den breiten Südostgrat in einen Sattel und weiter auf der grün, später noch gelb markierten Route durch eine steinige Flanke, dann über den Grat oberhalb des Vallon de la Candelle in den **Col de la Candelle** (ca. 430 m).

Auf dem *GR 51-98* in der Südflanke des Mont Puget durch Kare und rund um viele Vorsprünge (deshalb heißt der Weg »**Sentier des Treize Contours**«). Zuletzt steil hinab, entweder links durch die Felsen (rochers) oder rechts durchs Geröll (éboulis). Bald darauf auf breitem Weg zum **Col de Sugiton**. Locker in 20 Min. zurück nach **Luminy**.

41 Cap Morgiou

Eine weiße Spitze, die weit ins Meer hinausreicht und abrupt abbricht

Luminy – Col de Sugiton – Calanque de Sugiton – Morgiou – Cap Morgiou – Sormiou – Col des Baumettes – Les Baumettes

Ausgangspunkt: Université de Luminy (135 m), vgl. Tour 40.
Endpunkt: Les Baumettes (96 m) am südlichen Stadtrand von Marseille; Endstation der Buslinie 22, die in Métro Rond Point du Prado beginnt; dorthin mit der roten U-Bahn-Linie von der Gare St-Charles.
Gehzeiten: Luminy – Sugiton ¾ Std., Sugiton – Morgiou ½ Std., Morgiou – Cap Morgiou ¾ Std., Cap Morgiou – Sormiou 1½ Std., Sormiou – Les Baumettes ¾ Std.; Gesamtgehzeit 4¼ Std.
Höhenunterschied: Aufstieg 600 m, Abstieg 640 m.
Distanz: 12 km.
Anforderungen: Hart an der Grenze zu schwarz. Trittsicherheit und Schwindelfreiheit ein Muß; bei der Umrundung des Cap Sugiton ein paar leichte Kletterstellen.
Beste Jahreszeit: Immer, im Hochsommer zu heiß.
Einkehr und Unterkunft: Vgl. Tour 42.
Variante: Für die Rückkehr nach Luminy gibt es zwei Möglichkeiten: Vom Carrefour auf der Crête de Morgiou entweder direkt weiter über den Kamm zur Wegverzweigung oberhalb des Col supérieur de Morgiou – oder dorthin mit dem »Umweg« über Sormiou. Gemeinsam nordwärts gegen Mont de Luminy, über den Ostgrat bis zum Col des Escampons und in nördlicher Richtung nach Luminy.
Sehenswertes: Der Dreiklang Sugiton (sehr schmaler Strand), Morgiou (idyllisches Fischerdörfchen) und Sormiou (die größte Calanque).
Karte: IGN 1:15.000: Les Calanques de Marseille à Cassis.
Tipp: Badekleider nicht vergessen.
Anschlußtouren: 40, 42, 43, 45.

Einer der magischen Orte der Calanques: das Cap Morgiou. Wer zuvorderst steht, noch ein paar Schritte weiter als der letzte gelbe Blumenstrauß, hat die Welt hinter sich gelassen. Nur noch die Wellen, die an die Klippe klatschen, 20 Meter weiter unten. Möven, die schreien. Ein Boot, das vorbeituckert. Ostwärts geht der Blick bis zum Bec de l'Aigle bei La Ciotat, westwärts bis zur Île Maire vor Les Goudes: die ganze Felsenküste der Calanques.

Von der Busendstation **Luminy** südwärts zum Eingangstor ins Schutzgebiet der Calanques (Übersichtstafel). Auf einem meist schattigen Schottersträßchen hinauf in den **Col de Sugiton** (215 m). Ein paar Meter rechts, dann links

Das Kap: Am Cap Morgiou hört der Weg auf. Die Sehnsucht nach der Insel bleibt.

auf einen unmarkierten Weg einbiegen. Er führt ziemlich steil in das Vallon de Sugiton und zu einem betonierten, dann geschotterten Sträßchen hinab. Auf diesem talauswärts bis dort, wo es links hinüber zieht. Nun auf einem unmarkierten Pfad ziemlich steil hinunter in die **Calanque de Sugiton** (0 m). Südwärts über eine Steilstufe (Metallleiter) und in der Flanke auf den Grat (etwa 45 m) am Fuß des Südgrates der Aiguille de Sugiton. Der Weiterweg nach Morgiou weist ein paar recht schwierige und ausgesetzte Stellen auf, so insbesondere gleich zu Beginn einen 8 m hohen Riß, den man hinunterklettern muß. In der Bucht von **Morgiou** geht man auf der rechten Seite bis vorne ans Wasser und steigt rechts über eine Steilstufe (Le Pas du Renard) gegen ein paar Hütten an. Der Weg zieht durch die Corniche de Renard in den **Col du Renard** (85 m). Hier folgt man dem blau markierten Pfad zum **Cap Morgiou** (ca. 20 m), wobei man zuerst durch die Mauern einer alten Festung, dann über ein mit Gebüsch bedecktes Plateau und schließlich um die halbkreisförmige Calanque de la Triperie bis auf die vorderste Spitze geht. Zurück in den **Col du Renard**. Steil über Felsstufen hinauf auf den Sommet du Cancéou (219 m), den vordersten Gipfel der **Crête de Morgiou**. Kammwanderung, kurz auch mal rechts in der Flanke, bis zur Wegkreuzung Le Carrefour (ca. 220 m); hier mündet ein direkter Weg von Morgiou ein. Links dem rot markierten Weg folgen, unterhalb der Wände des Canapé de Sormiou auf einen Vorsprung queren und nördlich davon steil hinab zum Hafen und zur Bucht von **Sormiou** (0 m). Aufstieg auf der östlichen Seite des Vallon de Sormiou in den **Col de Baumettes** (ca.180 m). Nordwärts steigen rasch nach **Les Baumettes** hinab.

42 Die klassische Durchquerung der Calanques

Der Weg der Wege: von Cassis nach Marseille

Cassis – En Vau – Devenson – Col de la Candelle – Sugiton – Morgiou – Sormiou – Col des Baumettes – Col de Cortiou – Sentier de la Douane – Callelongue – Sentier du Président – La Madrague de Montredon

Ausgangspunkt: Cassis (0 m); vgl. Tour 39.
Endpunkt: La Madrague de Montredon (20 m); vgl. Tour 44; letzter Bus um 21.30 Uhr. Man kann die Durchquerung schon in Callelongue (0 m) beenden; letzter Bus nach La Madrague um 19.30 Uhr (an Sonn- und Feiertagen 15 Min. früher).
Gehzeiten: Cassis – Vallon d'En Vau 1¼ Std.; En Vau – Falaises du Devenson Ostgipfel 1 Std., Devenson – Col de la Candelle 1¼ Std., Abstieg nach Sugiton 1¼ Std., Sugiton – Morgiou ½ Std., Morgiou – Sormiou 1½ Std., Sormiou – Col de Cortiou 1 Std., Col de Cortiou – Callelongue 2 Std., Callelongue – La Madrague 1¼ Std.; Gesamtgehzeit 11 Std.
Höhenunterschied: 1600 m. 850 m bis Morgiou; rund 200 m zwischen Callelongue und Madrague.

Distanz: 32,5 km. 16 km bis Morgiou (von dort sind es 2 km aufs Cap Morgiou); 4 km zwischen Callelongue und La Madrague.
Anforderungen: Der Weg ist lang, häufig steinig, teilweise ausgesetzt, durchgehend markiert. Wo sonst Drahtseile und Leitern bald einmal über schwierige Stellen hinweghelfen, sind in den Calanques solche Hilfsmittel nur an den allernötigsten Stellen angebracht.
Beste Jahreszeit: Immer außer Hochsommer (zu heiß).
Einkehr: Restaurants in Morgiou (Nautic Bar, ✆ 04 91 40 06 37), Sormiou, Calanque de Marseilleveyre, Callelongue und Les Goudes, außerdem Lebensmittelgeschäft in Les Goudes.
Unterkunft: In Cassis: vgl. Tour 39. In Marseille-Montredon: vgl. Tour 44. Unter-

wegs keine Unterkünfte; drei Möglichkeiten: 1) Tageswanderung. 2) Unterbrechung in Luminy und mit dem Bus 21 nach Marseille (vgl. Tour 40); übernachten zum Beispiel im Hotel Le Corbusier in der von ihm erbauten Cité Radieuse, 280 Boulevard Michelet (Bus hält direkt davor), ✆ 04 91 77 18 15; anderntags den Küstentrek in Luminy wieder aufnehmen. 3) Zelten in den Calanques ist verboten, aber ein Biwak unterwegs erlaubt. Ein schönes Plätzli ist das Cap Morgiou (vgl. Tour 41); so könnte man in Morgiou dinieren und in Sormiou das petit déjeuner nehmen.

Variante: Kürzer und eine Spur leichter ist die Durchquerung der Calanques über die Kämme hinter der vielfach zerfjordeten Küste. In Stichworten: Cassis – Col de la Gardiole – Crête de l'Estret – am Mont Puget entlang (Wegkreuzung 528 m; Abstecher zum Gipfel lohnend) – Col de la Candelle – Col de Sugiton – Crête des Escampons – Col des Escourtines – Col de Cortiou – Tête de l'Homme – Col de la Selle – Sommet de Marseilleveyre – Sommet de Béouveyre – La Madrague. 8 Stunden, 1200 m Auf- und Abstieg, 23,5 km. Der GR 51-98 führt auf der neuen Route zwischen dem Col de l'Oule und dem Col de Sormiou fast nicht mehr an der Küste entlang.

Sehenswertes: Eine einzigartige, kaum verfälschte Mittelmeerküste.
Karte: IGN 1:15.000: Les Calanques de Marseille à Cassis.
Tipp: Genügend Flüssigkeit mitnehmen.
Anschlußtouren: 39–41, 43–45.

Es gibt drei Wanderungen, die Franzosen im Leben einmal gemacht haben sollten: einen Spaziergang im Jardin de Luxembourg (der Aufstieg zu Fuß auf den Eiffelturm zählt auch), die Rundtour um den Montblanc und die Durchquerung der Calanques. Stadt, Berge, Meer. Rot, weiß, blau. Vive la France!

Von **Cassis** wie bei Tour 39 in Richtung der Calanque d'En Vau. Durch das tiefeingeschnittene Vallon d'En Vau bis zur Talverzweigung und westwärts hinauf in den **Col de l'Oule** (ca. 170 m). Schräg hinab ins Vallon de l'Oule und meerwärts hinab zu einer Wegverzweigung (ca. 40 m). Steil hinauf in den Col de l'Eissadon und ausgesetzt hinauf auf die Ostspitze der **Falaise du Devenson**: atemberaubende Tiefblicke. Klippentrip via Col du Devenson und den höchsten Punkt (320 m) der Falaises du Devenson in den **Col des Charbonniers** (ca 240 m). Der Weg steigt nordwärts an, quert oberhalb des Val Vierge hinüber und holt unter dem Cap Gros weit ins Vallon de la

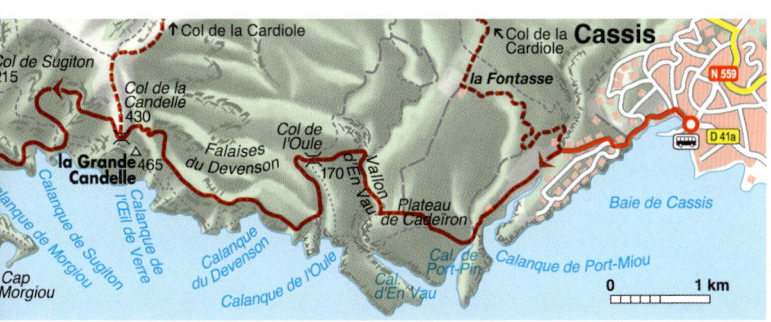

Die Bucht: Die Calanque de Marseilleveyre. Wer Glück hat, findet die Bar offen.

Candelle aus, bevor er dann mit einem kurzen Abstieg den **Col de la Candelle** (ca. 430 m) erreicht.
Weiter auf dem bei Tour 40 beschriebenen *Sentier des Treize Contours* bis auf den breiten Weg, der vom Col de Sugiton herkommt (30 Min. von hier nach Luminy). Scharf nach links zur Falaise des Toits, die durch das steile Couloir de la Cisampe und den 3 m hohen, senkrechten Pas des Toits überwunden wird. Nun ohne weitere Schwierigkeiten hinunter in die **Calanque de Sugiton** (0 m). Auf der bei Tour 41 beschriebenen Route – den Abstecher zum Cap Morgiou lassen wir aber sein – über **Morgiou** (0 m), **Crête de Morgiou** (ca. 230 m) und **Sormiou** (0 m) in den **Col des Baumettes** (ca. 180 m). Westwärts via **Col de Sormiou** in den **Col de Cortiou** (244 m). Man folgt dem *Sentier de la Douane* (ehemaliger Küstenpfad der Zöllner), der durch die ins Meer abfallende Flanke mit den tief eingebuchteten Cirque des Walkyries, Vallon de Podestat und Vallon des Querons kurvt. Von der **Calanque de Marseilleveyre** (0 m) nahe am Meer entlang, mit einem spürbaren Gegenanstieg auf 60 m, nach **Callelongue** (0 m).
Taleinwärts auf den *Sentier du Président*, der sich hoch oberhalb der Küste durch die von tiefen Tälern durchfurchte Westabdachung der Montagne de Marseilleveyre schlängelt. Schwierigste Stelle ist der Pas Edgar Garrigue beim Col du Brés (140 m). Durch die wildromantischen Vallons de la Garenne et du Piadon erreichen wir die Crête de l'Escalette (ca. 140 m). Hinab auf die Straße und nach rechts zur Busstation **La Madrague de Montredon**.

Die Wand: Die Falaises du Devenson sind rund 300 Meter hoch. Und oben begehbar.

43 Traversée des Calanques par le bord de mer

Der definitive Uferweg für Gipfelstürmer – nicht für Strandläufer

Callelongue – Podestat – Escu – Melette – Triperie – Pierres tombées – Œil de Verre – (Devenson – Eissadon –) Oule – Port-Pin – Cassis

Ausgangspunkt: Callelongue (0 m), vgl. Tour 44.
Endpunkt: Cassis (0 m); vgl. Tour 39.
Gehzeiten: Callelongue – Podestat 1 Std., Podestat – Escu ½ Std., Escu – Melette ½ Std., Melette – Sormiou 1 Std., Sormiou – Triperie 1½ Std., Triperie – Morgiou ¾ Std., Morgiou – Sugiton – Pierres tombées ¾ Std., Pierres tombées – Œil de Verre 1 Std., Œil de Verre – Col de Devenson 1¾ Std., Devenson – Oule ¾ Std., Oule – En Vau 1¼ Std., En Vau – Cassis 1¾ Std.; Gesamtgehzeit 12½ Std. – ein langer Tag.
Höhenunterschied: 1600 m.

Distanz: 35 km.
Anforderungen: Die schwierigste und längste Tour in diesem Führer.
Beste Jahreszeit: Zu heiße Tage im Hochsommer, zu kurze im Hochwinter.
Einkehr und Unterkunft: Vgl. Tour 42.
Variante: Ohne Abstecher zu 3 Buchten nur knapp 11 Std. Die Tour kann an mehreren Orten unterbrochen werden; vgl. Tour 41 und 42.
Sehenswertes: 19 calanques der Calanques.
Karte: IGN 1:15.000: Les Calanques de Marseille à Cassis.
Tipp: Genügend Wasser mitnehmen.
Anschlußtouren: 39, 41, 42, 44, 45.

Wer beim Abstieg über die Treppen des Bahnhofs Marseille Saint-Charles bereits stolpert, beim Marsch über die Canebière zum Vieux Port müde Beine kriegt, im Gassengewirr des Panier die Übersicht verliert, bei der Querung des alten Hafens mit dem Ferryboat (die Franzosen betonen das a!) seekrank wird und schließlich beim Aufstieg zu der auf einem Hügel thronenden Notre-Dame de la Garde Schwindelanfälle erleidet, sollte sich mit einem

Pastis auf der Terrasse des Restaurants La Grotte in Callelongue begnügen. Alle andern, falls sie Berggänger sind, können diese Tour wagen. Aber bitte nicht am Quatorze Juillet. Auch wenn sie an der oft schattenlosen Küste immer so nah als möglich entlang dem Wasser wandern werden, liegt ein Bad nur zuweilen drin.

Von der **Calanque de Callelongue** (1) auf dem *Sentier de la Douane* (und dem *GR 51-98*) via die **Calanque de la Mounine** (2) in die **Calanque de Marseilleveyre** (3) – man kann direkt zur Strandbeiz hinabgehen. Oberhalb der **Calanque des Queyrons** (4) durch bis auf einen Vorsprung, wo wir in die **Calanque de Podestat** (5) hinunterblicken können. Nun auf einem schwarz markierten, teilweise noch unbefestigten Weg hinab in die Bucht und auf der anderen Seite steil hinauf (leichte Kletterstelle; wer sie nicht locker schafft, darf auf die Fortsetzung der Uferroute verzichten). Kurz danach verlassen wir den normalen Küstenweg und steigen auf der grünen Route Nr. 5 zur Corniche du Pêcheur ab. Ein paar Schrofen, dann eine schaurigschöne Querung unter- und oberhalb von Überhängen, mit einer sehr exponierten Stelle (Kette) dazwischen. Über eine drahtseilgesichte Steilstufe (Pas du Bénitier) hinab. Bald darauf zweigt rechts der mit grünen Punkten markierte Abstecher zur **Calanque de l'Escu** (6) ab; die Grottenruine dort unten gehört zu den merkwürdigsten Gebäuden zwischen Marseille und Menton.

Zurück auf die grüne Route. Durch den Bois des Walkyries zur **Calanque de la Melette** (7); man bleibt 20 m oberhalb des Wassers. Beim Aufstieg zum Col de Cortiou kommt man an einer Grotte und an der unmarkierten Abzweigung zur Calanque de Cortiou vorbei; diese besuchen wir nicht, denn dort münden die Abwässer von Marseille ins Meer... Vom Col de Cortiou auf dem *GR* in den Col de Sormiou, dann direkt auf Fußwegen, die Straße ein paar Mal kreuzend, hinunter in die **Calanque de Sormiou** (8).

Wie bei Tour 41 zur **Calanque de la Triperie** (9) am Cap Morgiou und durch die **Calanque de Morgiou** (10) in die **Calanque de Sugiton** (11). Man folgt dem markierten Weg bis oberhalb des Ostecke der Bucht und dann dem

Die Stufe: Der Pas du Bénitier ist drahtseilgesichert. Eine Ausnahme, nicht die Regel.

rechts abzweigenden, unmarkierten Pfad hinab in die **Calanque des Pierres-Tombées** (12), wo man sich zum (Sonnen)Baden aller Kleider entledigen darf. Entlang dem Strand bis gegen die Felsinsel Tonneau. Linkshaltend auf Pfadspuren durch eine Rinne, dann über eine kurze, senkrechte Stufe, schließlich leichter auf einen rot markierten Pfad (Route Nr. 6). Er führt unter dem Tour de Pise hindurch zu der aus großen Blöcken gebildeten **Calanque de l'Œil de Verre** (13), auch Calanque de Saint-Jean-de-Dieu; schwindelerregend weit oben grüßt die Grande Candelle.

Kurz kettengesicherter Aufstieg durch das Val Vierge, wobei der Pas du Rocher Club und der Pas de l'Œil de Verre für Aufregung sorgen – und vielleicht auch eine Viper. Rechts zweigt unsere Route ab (der Weiterweg durch das Val Vierge mit den Ausstiegen durch den Teufelskamin oder die Cheminée du C.A.F. verlangt wie die ganze Tour ebenfalls alpinistische Erfahrung). Durch die westliche Wandflucht der Falaises du Devenson hinab zur Aiguille du Devenson. Dahinter mündet eine unmarkierte Route durch das Petit Couloir ein. Der Abstecher auf der sehr ausgesetzten, deutlich schwierigeren Route quer durch die Corniche Paretti in die **Calanque du Devenson** ist fakultativ. Der auf der IGN-Karte nicht eingezeichneten Route folgend hinauf in den Col du Devenson, wobei man sich gleich zu Beginn an einem Drahtseil hinüberhangeln muß. Vom Col du Devenson auf der grünen Route über die östlichen Falaises du Devenson in den Col de l'Eissadon; der heikle, sehr steile Abstieg in die **Calanque de l'Eissadon** (15) ist freigestellt. Nicht jedoch wenig später der Abstecher talauswärts zur **Calanque de l'Oule** (16); um ins Wasser zu gelangen, muß man 10 m springen – Gummiboot nicht vergessen, da es keinen Rückaufstieg gibt.

Talaufwärts durch das Vallon de l'Oule in den Col de l'Oule und auf dem blau markierten Weg Nr. 2 über den Kamm nach vorne zum Belvédère d'En Vau; ein Direktaufstieg aus dem Oule-Tal hierher ist möglich: Direkt von der Abzweigung zur Calanque de l'Oule auf Wegspuren zuerst in dichter Vegetation durch einen Graben, nach links eine Felsstufe queren (exponiert) und über Schotter zum Kamm hinauf. Kurz vor dem Belvédère beginnt links der Abstieg (Einstieg markiert mit blauem Verbotskreuz und »Danger«) durch eine geröllige, baumstammverstellte Rinne in das Vallon und zur **Calanque d'En Vau** (17). Der direkte Aufstieg auf das Plateau de Cadeïron ist versperrt, deshalb nehmen wir den Umweg über das Portalet d'En Vau. Oben auf der Hochebene dem blau markierten Weg Nr. 4 an die Küste und ihr entlang in die Calanque de Port-Pin (18) folgen. An der **Calanque de Port-Miou** (19) vorbei nach Cassis. Am nächsten Morgen starten wir zur Durchquerung der Calanques oben durch (vgl. Variante von Tour 42).

Die Grotte: Band zur Calanque de l'Escu. Immer stärker drängt die Wand zum Meer.

44 Montagne de Marseilleveyre, 433 m

Aufwärts auf der Naht von Stadt und Gebirge, und dann hinab zum Meer

La Madrague de Montredon – Sommet de Béouveyre – Sommet de Marseilleveyre – Col de la Selle – Calanque de Marseilleveyre – Callelongue

Talort: Marseille, Gare Saint-Charles.
Ausgangspunkt: La Madrague de Montredon (20 m) im Südwestzipfel von Marseille. Bestens erreichbar mit dem häufig verkehrenden Bus 19 von Métro Castellane über Métro Rond Point du Prado; beide Metrostationen liegen an der roten U-Bahn-Linie, die auch den Gare St-Charles bedient.
Endpunkt: Callelongue (0 m); kleiner Fischerhafen am Ende der Straße entlang der Bucht von Marseille in die Calanques. Bus 20 nach La Madrague de Mentredon (mit Anschluß an Bus 19).
Gehzeiten: La Madrague – Sommet de Marseilleveyre 1¼ Std., Abstieg in die Calanque de Marseilleveyre 1 Std., Rückweg nach Callelongue ¾ Std.; Gesamtgehzeit 3 Std.
Höhenunterschied: Rund 550 m.
Distanz: 8 km.
Anforderungen: Zwischen rot und schwarz – also: man muß wirklich trittsicher und schwindelfrei sein, und ab und zu die Hände zur Fortbewegung gebrauchen.
Beste Jahreszeit: Immer außer Hochsommer.
Einkehr: Restaurants in La Madrague, Calanque de Marseilleveyre (nicht immer offen), Callelongue.
Unterkunft: In Marseille-Montredon: Hôtel Le Mistral, 31 avenue de la Pointe Rouge, ✆ 04 91 73 44 69 (mit dem Bus 19 von La Madrague). In Les Condes kann man Cabanons mieten. Sonst in Marseille: Auberge de Jeunesse, ✆ 04 91 73 97 23; Camping Municipal de Bonneveine, ✆ 04 91 73 26 99 (alle nicht weit von Bonneveine Plage, Bus 19).
Variante: 1) Wenn der Mistral mit 100 Stundenkilometern bläst, empfiehlt sich der direkte Aufstieg von Callelongue durch das gelb markierte Vallon St-Michel und das rot markierte Vallon de Miougranier, wobei man bei der nicht ausgesetzten Escaliers des Géants kurz klettern muß; 1¼ Std. 2) Auf dem *Sentier du Président* (vgl. Tour 42) von Callelongue zurück nach La Madrague; 1¼ Std. 3) Vom Col de la Selle weiter auf dem *Sentier des Crêtes*, der sich aufs Cap Morgiou erstreckt, bis in den Col de Cortiou und Rückweg bei der Calanque de l'Escu vorbei in die Calanque de Marseilleveyre (vgl. Tour 43 und 45); ein grandioser Umweg von 2¼ Std.

Sehenswertes: Marseille und sein Mittelmeer.
Karte: IGN 1:15.000: Les Calanques de Marseille à Cassis.
Tipp: Die Aussicht vom Sommet de Marseilleveyre hat ohnehin drei Sterne verdient. Aber am 29. Oktober und 22. Februar zeichnet sich in der untergehenden Sonne, vorausgesetzt, die Fernsicht ist wirklich dunstfrei, der Canigou in den östlichen Pyreänen ab.

Anschlußtouren: 42, 43, 45.

Die Stadt: Marseille vom Sommet de Marseilleveyre. Der Mistral bläst oft und heftig.

Am südlichen Stadtrand von Marseille erhebt sich die Montagne de Marseilleveyre. Dieses stark zerklüftete Massif bildet den westlichen Teil der Calanques; sein höchster Gipfel ist der Sommet de Marseilleveyre (433 m). A bientôt – dort und auf anderen Stadtbergen der Côte d'Azur.

Von der Endstation des Bus 19 in **La Madrague de Montredon** auf der Küstenstraße südwärts ansteigen, bis links die Wanderwege beginnen (unter anderem der *GR 51-98*; Übersichtstafel). Durch einen Erholungspark, dann steil hinauf zur Crête de l'Escalette (140 m); hier zweigt der schwarz sowie rot-weiß markierte *Sentier du Président* rechts ab. Man bleibt auf dem blau markierten Pfad »Corniche Bleu«, den die braun markierte Route »*Corniche Salis*« nach 100 m nach rechts verläßt. Meistens auf der Nordseite des Westgrates zieht sich der oft schmale und exponierte Pfad hinauf auf den **Sommet de Béouveyre** (366 m). Ostwärts steil in den **Col des Chèvres** (ca 310 m) hinab; ein Drahtseil erleichtert die Durchsteigung eines Kamins. Über den Westgrat auf den **Sommet de Marseilleveyre**, wobei die immer noch blau markierte Route zuerst rechts, später links des Grates verläuft. Überreste von Gebäuden zieren den Gipfel. Die blau markierte Route sinkt zuerst in der Nordflanke, dann direkt übr den Ostgrat hinunter in den **Col de la Selle**. Nun meerwärts auf dem gelb markierten Höhenweg – er windet sich unterhalb der Türme der Pointe Callot und der Tête de la Mounine entlang der rechten Talseite des gewundenen Grand Malvallon. Etwas unterhalb des Col de la Galinette links auf dem gelb punktierten Pfad hinunter ins Tal und zur **Calanque de Marseilleveyre**. Auf dem oft begangenen *Sentier de la Douane* nach **Callelongue**.

Côte d'Azur: Küste der Alpen

»Er kennt nicht nur alle diese Töchter der Sonne, sondern er liebt sie und sorgt dafür, daß auch wir sie lieben.« So vorausschauend besprach der Figaro im Dezember 1887 ein Buch, dessen Titel wegweisend war: Er hieß schlicht »La Côte d'Azur«. Erfunden hatte diesen Begriff für die südostfranzösische Mittelmeerküste Stéphen Liégeard (1830-1925), »ein unbedeutender Dichter mit besten Beziehungen«, wie Mary Blume in ihrem Buch »Côte d'Azur« nicht eben freundlich anmerkt. In Cannes residierte Liégeard jahrzehntelang in der Villa Les Violettes; seine Stadt titulierte er als »die Lieblingstocher der Sonne«.

La Côte d'Azur: Rund 150 Jahre nach der Namensgebung hat die azurblaue Küste immer noch einen guten Klang. Dabei wissen nur wenige, daß Wanderer eine ganz andere Küste erleben: abseits des Rummels, aber nicht ganz abseits der Probleme. Und schon gar nicht abseits ihrer Schöhnheiten. Nur wer sich auf die Fußwege, auf die sentiers pédestres, wagt, wird sehen und verstehen, warum Liégeards Landstrich einmal als das Paradies auf Erden galt. Ginster und Erdbeerbäume, Olivenhaine und Mimosensträucher, Dörfer und Villen, Saumwege und Irrwege, Buchten und Gipfel, Aus- und Einsichten. Eine erstaunliche, vielfältige Natur, trotz der Zersiedelung. Eine vergan-

Au revoir: Blick zurück von der Halbinsel von St-Tropez auf die verschneiten Seealpen.

gene (Agri)Kultur, harmonisch in einer steinigen Natur. Was man von der Tourismusindustrie nicht immer sagen kann. Und dann ist da noch der Duft der Wege: Eintauchen ins Dickicht, in eine wohlriechende Landschaft. Wandern mit der Nase und mit den Augen. Grasse, die Stadt des Parfums, und Vence, die Stadt der Künstler: Sie lassen grüßen. Immer wieder, vielerorts. Wenn man zu Fuß geht, wie einst wohl auch Liégeard. Der Boulevard de la Croisette in Cannes, die Promenade des Anglais in Nice: Wie schön müssen sie gewesen sein, als sie noch keine Stadtautobahnen waren.

»Les Balcons de la Côte d'Azur«: So heißt der Weitwanderweg *GR 51*. Er hat, wie die Küste, einen guten Klang, scheppert aber manchmal ganz schön laut, wenn er den überbauten Zonen der Côte d'Azur ausweicht. Zudem ist die Fußgängerverbindung mit 508 Kilometern etwas gar lang. Wir bringen Bewegung rein, verknüpfen ein paar offizielle Strecken mit anderen Köstlichkeiten wandertechnischer Art (nicht nur solcher, versteht sich). Und wir nehmen die Bahn, den Bus oder gar das Boot.

»Im nächsten Jahr, da werd' ich ans Meer fahren!« Dieser in Frankreich beliebte Ausspruch wird dann gebraucht, wenn die Bergferien wieder mal ins Wasser gefallen sind, während am südlichen Himmel die Sonne geschienen hat. Berge und Meer – das scheint unvereinbar. Nicht so in den Calanques, ja überhaupt an der Côte d'Azur: Sie ist eigentlich nichts anderes als die Küste der Alpen. L'année prochaine, j'irai à la mer. Warum nicht schon jetzt? En route, les amis!

45 Der blaue Horizont

In 15 Etappen von Menton nach Marseille

Menton – Nizza – Grasse – Cannes – Saint-Tropez – Porquerolles – Toulon – Bandol – Marseille

Ausgangspunkt: Menton-Garavan; erste oder letzte Bahnstation auf französischem Boden der Linie Nizza-Ventimiglia; nur Lokalzüge halten.
Transfer: Bahn, Bus und Boot verbinden die Streckenabschnitte. Sehr nützlich für die immer wieder benutze Bahnlinie Menton-Marseille ist der in größeren Bahnhöfen aufliegende Guide régional des transports. Es empfiehlt sich, sich im voraus über die Abfahrtszeiten der verschiedenen Verkehrsmittel zu informieren – und die Unterkünfte zu reservieren.

Endpunkt: Marseille.
Gehzeit: 87½ Std. (knapp 6 Std./Tag).
Höhenunterschied: Aufstieg 10340 m, Abstieg 10070 m (rund 700 m/Tag).
Distanz: 260 km (gut 17 km/Tag).
Anforderungen: Für küstenerfahrene Gipfelstürmerinnen und trittsichere Strandläufer. Wer nicht stundenlang zur Traumbucht oder zur Aussichtsplattform wandern kann, kommt ins Schwitzen. Wer schon nur bei zwei Liegestuhlreihen den Überblick verliert, wird sich auch auf den meist markierten Wegen nicht zurechtfinden.
Beste Jahreszeit: April bis Juni; Sept. bis Okt. Im späteren Herbst riskiert man geschlossene Unterkünfte. In der Nebensaison ist die tägl. Überfahrt nach Porquerolles nicht gewährleistet, außer von La Tour Fondue.
Karte: Didier & Richard: 1:50.000 mit randonnées pédestres, Blätter 24 (Collines provençales), 25 (Les Maures et le Haut Pays Varois), 26 (Au Pays d'Azur). IGN TOP 25: 1:25.000, 3742 OT, 3643 ET, 3544 ET, 3545 OT, 3446 OT, 3245 OT. IGN 1:15.000: Les Calanques. Für die Maures-Variante 8. und 9. Etappe: IGN TOP 25: 3445 OT und 3446 ET.
Variante: Dank der öffentlichen Verkehrsmittel lassen sich Etappen auslassen, so daß man von Menton in acht Tagen bis nach Marseille gelangen kann. Umgekehrt lassen sich auch nur Teilstücke machen: beispielsweise der Weg von Menton nach Grasse oder der Küstentrek von St-Tropez nach Marseille.
Tipp: Unbedingt Taschenlampe für das oft in Tunnel verlaufende Aqueduc de Foulon (6. Etappe). Evtl. Unterlage für das Biwak auf Cap Morgiou; einen Schlafsack braucht's nicht unbedingt – die letzte Nacht wird man auch so übersteshen.
Sehenswertes: Die azurblaue Küste aus der Fußgängerperspektive.

1. Etappe: Menton-Garavan – Ste-Agnès
5½ Std. Aufstieg 1280 m, Abstieg 620 m. 15 km. *Route: GR 51 des Balcons de la Côte d'Azur.* Von Ste-Agnès noch zum Château de Haroun (766 m) auf dem Dorffelsen. Tour 4. *Unterkunft:* Saint-Yves, ℡ 04 93 35 91 45.

2. Etappe: Ste-Agnès – Èze-Bord-de-Mer (– Nizza)
6¾ Std. Aufstieg 800 m, Abstieg 1450 m. 18 km. *Route: GR 51* bis Col de Guerre. Mont de la Bataille (620 m) – La Turbie – Cime de la Forna (621 m) –

Maison de la Nature – Èze-Village – Èze-Bord-de-Mer. Lokalzug nach Nizza. Tour 5. *Unterkunft:* In Èze-Bord-de-Mer: Panta Rei, ✆ 04 93 01 51 46; in Nizza: Negresco, ✆ 04 93 16 64 00, und viele günstigere, zum Beispiel Locarno, Primotel Suisse, Berne, Frank Zurich, Helvétique, Interlaken...

3. Etappe: (Nizza –) Cantaron – Aspremont

4½ Std. Aufstieg 1000 m, Abstieg 600 m. 13 km. *Route:* Lokalzug vom Hauptbahnhof Nizza Richtung Sospel bis Cantaron. *GR 51* bis Baisse de Rougier. Mont Macaron (806 m) – Ruines de Châteauneuf – Col de Châteauneuf – Tourrette-Levens. *GR 51* nach Aspremont. *Variante:* alles auf dem *GR 51* ohne Mont Macaron 1½ Std. kürzer. Touren 9, 10. *Unterkunft:* Aspremont, ✆ 04 93 08 00 05; Saint-Jean, ✆ 04 93 08 00 66.

4. Etappe: Aspremont – St-Jeannet

5¼ Std. Aufstieg 780 m, Abstieg 850 m. 15 km. *Route: GR 51* über La Manda (Haltestelle des »Tannzapfenzuges« Nice-Digne) und Gattières bis Wegweiser 18 oberhalb Super Gattières. La Colle (842 m) – Le Gros Chêne – Baou de la Gaude (796 m) – Vallon de Parriau – St-Jeannet. Variante: ohne Baou de la Gaude 1 Std. kürzer. Tour 11. Unterkunft: Gîte d'étape, ✆ 04 93 24 87 11; Sainte-Barbe, ✆ 04 93 24 94 38; Auberge des Baous, ✆ 04 93 58 98 05.

5. Etappe: St-Jeannet – Courmes

7½ Std. Aufstieg 940 m, Abstieg 740 m. 23 km. *Route: GR 51* bis P.890, dann direkt hinab nach Courmes. *Variante:* Abstecher aus der Vallon de Parriau zum Baou de St-Jeannet (800 m). Tour 11. *Unterkunft:* In Courmes: Auberge La Cascade, ✆ 04 93 09 65 85).

6. Etappe: Courmes – Grasse (– Cannes)

6 Std. Aufstieg 200 m, Abstieg 500 m. 20 km. *Route: GR 51* zum Pont de Bramafan und weiter entlang der Wasserleitung von Foulon (mit einem Umweg) bis Nordrand von Grasse. Durch die Stadt zum Gare Routière (✆ 04 93 36 49 61 oder 04 93 36 37 37) und mit dem Bus nach Cannes. Touren 12, 15. *Unterkunft:* In Grasse: Auberge Les Arômes, ✆ 04 93 09 08 01; La Bellandière, ✆ 04 93 36 02 57. In Cannes: vom Festival bis Estival.

7. Etappe: (Cannes –) Théoule-sur-Mer – Anthéor-Plage (– St-Raphaël)

8 Std. Auf- und Abstieg je 1100 m. 20 km. *Route:* Lokalzug nach Théoule-sur-Mer. *GR 51* bis Col de la Cadière. Sommet des Grosses Grues (441 m) – Sommet des Petites Grues (411 m) – Pic de l'Ours (492 m) – Pic d'Aurelle

(322 m) – Pic du Cap Roux (453 m) – Col du St-Pilon – Plateau d'Anthéor – Anthéor-Plage. Lokalzug oder Bus nach St-Raphaël (Info: ✆ 04 94 95 16 71). Tour 20. *Unterkunft:* In Théoule-sur-Mer: Le Patio, ✆ 04 93 75 00 23; Auberge de Jeunesse de Trayas unterhalb des Col Notre-Dame, ✆ 04 93 75 40 23. In Anthéor: Les Flots Bleus, ✆ 04 94 44 80 21. In St-Raphaël: Les Amandiers, ✆ 04 94 19 85 30; Auberge de Jeunesse von Fréjus, ✆ 04 94 52 18 75.

8. Etappe: (St-Raphaël –) St-Tropez – Plage de l'Escalet
6 Std. Auf- und Abstieg je 250 m. 23 km. *Route:* Von St-Raphaël mit dem Bus (www.varlib.fr) nach St-Tropez. *sentier du littoral* um Cap de St-Tropez und Cap Camarat. Touren 27, 28. *Unterkunft:* In St-Tropez: Le Colombier, ✆ 04 94 97 05 31. Am Plage de Tahiti: La Ferme d'Augustin, ✆ 04 94 97 23 83. In L'Escalet: L'Amphore, ✆ 04 98 12 90 90; Camping Caravaning La Cigale (mit Bungalows), ✆ 04 94 79 22 53.

9. Etappe: Plage de l'Escalet – Cavalaire-sur-Mer
5 Std. Auf- und Abstieg je 500 m. 15 km. *Route: sentier du littoral* um Cap Lardier. *Variante:* nur bis La Croix-Valmer-Plage und von dort Schiff nach Porquerolles nehmen. Und: Auch von Cavalaire-sur-Mer noch gleichentags nach Porquerolles, evtl. über La Tour Fondue. Tour 28. *Unterkunft:* In Cavalaire: Bellevue, ✆ 04 94 64 01 38; Alpazur, ✆ 04 94 64 01 02. In La-Croix-Valmer: La Ricarde, ✆ 04 94 79 64 07.

10. Etappe: (Cavalaire-sur-Mer –) Porquerolles
6 Std. Auf- und Abstieg je 600 m. 20 km. *Route:* Mit Schiff von Cavalaire nach Porquerolles; Compagnie des Transports Maritimes Vedettes Îles d'Or, ✆ 04 94 79 53 06 oder 04 94 71 01 02. Oder per Bus von Cavalaire nach Hyères Gare Routière (www.varlib.fr), umsteigen in den Bus nach La Tour Fondue und mit dem Schiff in 20 Min. nach Porquerolles (Transport Littoral Varois, ✆ 04 94 58 21 81). Zu Fuß auf teilweise schmalen und versteckten Küstenpfaden rund um die Insel Porquerolles: Plage d'Argent – Anse Bon Renaud – Pointe de l'Aiguade – Calanque du Maure – Pointe du Grand Langoustier – nördlich am Mas du Langoustier vorbei – Pointe des Carrières – Calanque du Brégançonnet – Mont de Tiélo (108 m) – Gorges du Loup – Phare de Porquerolles – Pointe de l'Oustau de Diéu – Mont des Salins (127 m) – Plage Notre-Dame – Fort de l'Alycastre – Plage de la Courtade – Porquerolles. *Variante:* Statt zu Fuß mit einem vélo tout terrain (Mountainbike) die Insel umrunden – oder auch nur an den nächsten Strand rollen. Tour 31. *Unterkunft:* Auberge les Glycines, ✆ 04 94 58 30 36; Sainte Anne, ✆ 04 94 04 63 00; Café Porquerollais, ✆ 04 94 12 32 70.

11. Etappe: (Porquerolles – Toulon –) Fabrégas – Sanary-sur-Mer

7 Std. Auf- und Abstieg je 400 m. 20 km. *Route:* zwei Möglichkeiten von Porquerolles nach Toulon: 1) direkt mit dem Schiff (Le Batelier de la Rade, ✆ 04 94 46 24 65; Transmed 2000 Monarque, ✆ 04 94 92 96 82; fährt nicht immer; manchmal auch nur abends, so daß man in Toulon bzw. in Seyne-sur-Mer übernachten muß).

2) über Hyères (Schiff nach La Tour Fondue, Bus bis Hyères Gare Routière, Bus nach Toulon; www.reseaumistral.com). Von der Place de la Liberté in Toulon mit den Buslinien 8, 189 oder 198 nach La Seyne-sur-Mer; umsteigen in Seyne-Centre in den Bus 83 nach Fabrégas. *Sentier du littoral* um das Cap Sicié mit seinem höchsten Punkt, der Notre-Dame du Mai (358 m), nach Le Brusc Port und immer weiter der Küste entlang bis Sanary-sur-Mer. *Variante:* Von Le Brusc Port mit dem Bus über die Sauviou-Kreuzung (umsteigen) nach Sanary. Tour 35. *Unterkunft:* In Seyne-sur-Mer: Rives d'Or, ✆ 04 94 94 72 75. In Sanary: La Tour, ✆ 04 94 74 10 10. In Bandol: Plein Large, ✆ 04 94 32 23 32.

12. Etappe: (Sanary-sur-Mer –) Bandol – St-Cyr-sur-Mer (– La Ciotat)

4 Std. Auf- und Abstieg je 200 m. 14 km. *Route:* Bus nach Bandol. Zur Plage de Renécros; sentier du littoral um die Pointe du Défens nach La Madrague; Straße nach St-Cyr-sur-Mer. Lokalzug nach La Ciotat; Bus oder Fußmarsch zum Hafen; evtl. auch Bus von Les Lecques nach La Ciotat. Tour 36. *Unterkunft:* La Rotonde, ✆ 04 42 08 67 50.

13. Etappe: La Ciotat – Cassis

5 Std. Auf- und Abstieg je 650 m. 14 km. *Route:* Zuerst Abstecher zum Parc du Mugel und Belvédère du Large, dann Küstenweg über die Montagne de la Canaille mit Sémaphore du Bec de l'Aigle (322 m), La Grande Tête (394 m), Pointe des Vanades (344 m), Cap Soubeyran (348 m) und Cap Canaille (363 m) nach Cassis. *Variante:* ohne Belvédère du Large. *Unterkunft:* Le Clos des Arômes, ✆ 04 42 01 71 84; Le Grand Jardin, ✆ 04 42 01 70 10; Auberge de Jeunesse La Fontasse, ✆ 04 42 01 02 72.

14. Etappe: Cassis – Cap Morgiou

6 Std. Auf- und Abstieg je 930 m. 17 km. Route: über die Falaise du Devenson (320 m) in die Calanque du Morgiou; und hinaus aufs Cap Morgiou. Touren 39, 41, 42. *Unterkunft***:** Zwischen Cassis (bzw. der Jugendherberge) und La Madrague bei Marseille gibt es keine Unterkünfte. Drei Möglichkeiten: 1) 14. und 15. Etappe zusammenlegen (ohne Abstecher zum Cap Morgiou eine Spur kürzer!). 2) Unterbrechung in der Université de Luminy (5 Std. ab Cassis) und mit dem häufig verkehrenden Bus 21 nach Marseille; übernachten zum Beispiel im Hotel Le Corbusier in der Cité Radieuse, 280 Boulevard

Michelet (Bus hält direkt davor), ℂ 04 91 77 18 15; anderntags den Küstentrek in Luminy wieder aufnehmen. 3) Zelten in den Calanques ist verboten, aber ein Biwak unterwegs, z.B. am Cap Morgiou ist erlaubt; so könnte man in Morgiou dinieren (vorher abklären, ob die Nautic Bar geöffnet ist; ℂ 04 91 40 06 37) und in Sormiou frühstücken.

15. Etappe: Cap Morgiou – La Madrague/Marseille
5 Std. Auf- und Abstieg 700 m. 13 km. *Route:* Blau markierter Sentier des Crêtes über Crête de Morgiou (ca. 230), Tête de l'Homme (390 m), Sommet Ouest de l'Homme Mort (374 m), Sommet de Marseilleveyre (433 m) und Sommet de Béouveyre (368 m) nach La Madrague de Montredon: Rien ne va plus. Mit Bus 19 (letzter Bus um 21.30 Uhr) bis Métro Rond Point du Prado und mit der U-Bahn nach Marseille Gare St-Charles. Touren 42, 44. *Unterkunft:* In Marseille-Montredon: Hôtel Le Mistral, 31 avenue de la Pointe Rouge, ℂ 04 91 73 44 69.

Variante 8. Etappe: (St-Raphaël –) Pignans – Collobrières
4¾ Std. Auf- und Abstieg je 600 m. 13 km. *Route:* Von St-Raphaël mit Bahn oder Bus (Info ℂ 04 94 12 55 00 oder 04 94 53 78 46) nach Pignans. *GR 9* bis Notre-Dames des Anges (767 m), *GR 90* bis Collobrières. *Unterkunft:* Hôtel Notre Dame, ℂ 04 94 48 07 13, Auberge des Maures, ℂ 04 94 48 07 10.

Variante 9. Etappe: Collobrières – Bormes-les-Mimosas (– Porquerolles)
9 Std. Auf- und Abstieg je 1000 m. 30 km. *Route: GR 90* bis Plateau Lambert. Markierte Schlaufe über Chartreuse de la Verne (Dienstag, Ostern, Christi Himmelfahrt, Pfingsten, Mariä Himmelfahrt sowie Weihnachten geschlossen) und Sommet de l'Argentière bis zum Noyer-Staubecken. *GR 90* über Maison Rusca bis Col de Landon. Pré de Roustan – La Pierre d'Avenon (443 m) – Vallon de Landon – Coste Drèche – Bormes-les-Mimosas. Am anderen Morgen zu Fuß in 45 Min. auf dem *GR 90* nach Le Lavandou und mit dem Schiff (Vedettes Îles d'Or, ℂ 04 94 71 01 02) nach Porquerolles; oder Bus von Bormes-les-Mimosas oder Bormes-Pin über Hyères Gare Routière nach La Tour Fondue und Schiff nach Porquerolles. *Variante:* ohne Chartreuse de la Verne 1 ¼ Std. kürzer. Touren 25, 26. *Unterkunft:* Beim Kartäuserkloster von Verne: Refuge des Sivadières westlich des Sommet de l'Argentière: kleine, immer offene Schutzhütte; Kocher, Matratze, Schlafsack sowie Wasser mitbringen. In Bormes: Grand Hôtel, ℂ 04 94 71 23 72. In Le Lavandou: Auberge de la Falaise, ℂ 04 94 71 01 35.

Stichwortverzeichnis

Die Zahlen hinter den Stichwörtern beziehen sich auf die Tournummern. Begriffe wie Colle, Mont, Rocher etc. sind nachgestellt.

Anthéor-Plage 20, 45
Anges, Notre-Dames des 45
Argentière, Sommet de l' 25, 45
Aspremont 10, 45
Aurelle, Pic d' 20, 45

Bandol 36, 45
Bar-sur-Loup, Le 15, 16
Bastide, Mont 6
Bataille, Mont de la 5, 45
Baudon, Cime de 3
Beaulieu-sur-Mer 7
Béguines, Signal des 38
Béouveyre, Sommet de 42, 44, 45
Bertagne, Pic de 38
Blanches, Roches 24
Bormes-les-Mimosas 26, 45
Broussan, Le 34
Brusc Port, Le 35, 45

Callelongue 42-45
Camarat, Cap 28, 45
Canaille, Cap 45
Canaille, Montagne de la 45
Candelle, Col de la 40, 42, 45
Cannes 19, 45
Cantaron 9, 45
Cap Roux, Pic du 20, 21, 45
Cassis 39, 42, 43, 45
Castellar 4, 45
Castillon, Col de 2
Cavalaire-sur-Mer 28, 45
Châteauneuf (ruines) 9, 45
Chauve d'Aspremont, Mont 10
Cheiron, Cime du 13
Cheiron, Montagne 13
Ciotat, La 45
Cipières 14
Coaraze 9
Collobrières 25, 45
Constance, Notre-Dame de 26
Courmes 12, 45
Courmettes, Pic de 12
Coursegoules 13

Destel, Gorges du 34
Devenson, Falaise du 42, 43, 45
Dramont, Cap du 22
Dramont, Le 22

En Vau, Calanque d' 39, 42, 43, 45
Escalet, Plage de l' 28, 45
Escragnolles 17
Èze 5, 6, 45
Èze-Bord-de-Mer 5, 6, 45

Fabrégas 35, 45
Faron, Mont 33
Femme Morte, Col de la 16
Ferrat, Cap 7
Forna, Cime de la 5, 45
Freinet, Fort 24

Garde-Freinet, La 24
Gattières 45
Gaude, Baou de la 11
Gémenos 38
Giens 32
Giens, Presqu'île de 32
Gigaro 27, 45
Gorbio 3, 5, 45
Gourdon 15
Grand Mont, Le 1
Grasse 16, 45
Gréolières 13
Grosses Grues, Sommet de 20, 45

Haut Montet, Le 16
Homme Mort, Sommet Ouest de l' 45
Homme, Tête de l' 45
Hyères 32

Jérusalem 13

La-Croix-Valmer 28, 45
Lardier, Cap 28, 45
Lavanden, le 26, 45

Lérins, Îles de 19
Loup, Gorges du 15, 45
Lucéram 8
Luminy 40, 41, 45

Macaron, Mont 9, 45
Maçon, Colle 16
Madrague, La (Giens) 32
Madrague, La (Marseille) 42, 44, 45
Madrague, La (Saint-Cyr) 36, 45
Mai, Notre-Dame du 35, 45
Marseille 40-45
Marseilleveyre, Calanque 42-45
Marseilleveyre, Montagne de 42, 44, 45
Menton 1, 2, 3, 4, 45
Môle, Tal von Le 25, 45
Monaco 9, 45
Morgiou, Calanque de 41-43, 45
Morgiou, Cap de 41-43, 45

Nizza 9, 45

Ollioules 34
Ours, Dent de l' 20
Ours, Pic de l' 20, 45

Pampelonne, Plage de 28, 45
Petites Grues, Sommet de 20, 45
Pignans 45
Porquerolles, Île de 30, 31, 45
Port-Cros, Île de 29
Port-Miou, Calanque de 39, 42, 43, 45
Puget, Mont 40, 42

Ramatuelle, Presqu'île de 28
Razet, Mont 2
Restaud, Cime de 1
Roc d'Orméa 1
Rocca Sparvièra (Ruines) 8

159

Roccasièra, Cime de 8
Roquebrune, Rocher de 23
Roquebrune-sur-Argens 23
Rougiès, Colle de 14

Salins, Plage des 27
Sanary-sur-Mer 35, 36, 45
Siagne, Gorges de la 17, 18
Siagne, Pont de la 18
Sicié, Cap 35, 45
Signes 38
Sormiou, Calanque de 41-43, 45
Sospel 1, 2
St-Barnabé 12, 45
St-Barthélemy, Rocher de 21
St-Cézaire-sur-Siagne 18

St-Cyr-sur-Mer 36, 45
Ste-Agnès 3, 4, 5, 45
Ste-Baume, La (Estérel) 21
Ste-Baume, La 37, 38
Ste-Marguerite, Île 19
St-Honorat, Chapelle de la grotte 21
St-Honorat, Île 19
St-Jean-Cap-Ferrat 7
St-Jeannet 11, 45
St-Jeannet, Baou de 11, 45
St-Pilon, Chapelle du 37, 38
St-Pilon, Le (Estérel) 20
St-Raphaël 45
St-Tropez 27, 28, 45
St-Tropez, Cap de 27, 28, 45
St-Tropez, Presqu'île de 28, 45

St-Vallier-de-Thiey 16, 17
Sugiton, Calanque de 41-43, 45

Tahiti, Plage de 27, 28, 45
Taillat, Cap 28
Théoule-sur-Mer 20, 45
Toulon 33, 36, 45
Tour Fondue, La 30, 32, 45
Tourrette-Levens 9, 45
Tourrettes, Puy de 12
Tourrettes-sur-Loup 12
Turbie, La 5, 45

Vence 12
Verne, Chartreuse de la 25, 45

Umschlagbild: Blau, weiß, rot – und grün: Der GR des Balcons de la Côte d'Azur in den Calanques (Tour 42).

Bild gegenüber dem Titel (Seite 2): Weiter geht's nicht: Mit dem Rocher de St-Barthélemy stürzen die Alpen ins Meer (Tour 21).

Alle Fotos außer S. 49 und S. 79 (Eva Feller) stammen vom Autor.

Kartografie:
Wanderkärtchen im Maßstab 1:50 000 / 1:75 000 / 1:100 000 sowie Übersichtskarten im Maßstab 1: 1 000 000 / 1 : 2 000 000:
www.rolle-kartografie.de

Die Ausarbeitung aller in diesem Führer beschriebenen Wanderungen erfolgte nach bestem Wissen und Gewissen des Autors.
Die Benützung dieses Führers geschieht auf eigenes Risiko.
Soweit gesetzlich zulässig, wird eine Haftung für etwaige Unfälle und Schäden jeder Art aus keinem Rechtsgrund übernommen.

5., aktualisierte Auflage 2013
© Bergverlag Rother GmbH, München

ISBN 978-3-7633-4120-7

Wir freuen uns über jeden Korrekturhinweis zu diesem Wanderführer!
BERGVERLAG ROTHER · München
D-82041 Oberhaching · Keltenring 17 · Tel. (089) 608669-0
Internet www.rother.de · E-Mail leserzuschrift@rother.de